Hans Merkens (Hrsg.)

Lehrerbildung: Zentren für Lehrerbildung

AF151611

Schriftenreihe der DGfE

Hans Merkens (Hrsg.)

Lehrerbildung: Zentren für Lehrerbildung

VS VERLAG FÜR SOZIALWISSENSCHAFTEN

VS Verlag für Sozialwissenschaften
Entstanden mit Beginn des Jahres 2004 aus den beiden Häusern
Leske+Budrich und Westdeutscher Verlag.
Die breite Basis für sozialwissenschaftliches Publizieren

Bibliografische Information Der Deutschen Bibliothek
Die Deutsche Bibliothek verzeichnet diese Publikation in der Deutschen Nationalbibliografie;
detaillierte bibliografische Daten sind im Internet über <http://dnb.ddb.de> abrufbar.

1. Auflage März 2005

Alle Rechte vorbehalten
© VS Verlag für Sozialwissenschaften/GWV Fachverlage GmbH, Wiesbaden 2005

Lektorat: Monika Mülhausen / Tanja Köhler

Der VS Verlag für Sozialwissenschaften ist ein Unternehmen von Springer Science+Business Media.
www.vs-verlag.de

Umschlaggestaltung: KünkelLopka Medienentwicklung, Heidelberg

Gedruckt auf säurefreiem und chlorfrei gebleichtem Papier

ISBN-13:978-3-531-14568-6   e-ISBN-13:978-3-322-80717-5
DOI: 10.1007/978-3-322-80717-5

Inhalt

Vorbemerkung

Die Deutsche Gesellschaft für Erziehungswissenschaft hat am 30. Januar 2004 ihre dritte Tagung zu Fragen der Lehrerbildung mit dem Schwerpunkt „Zentren für Lehrerbildung" durchgeführt. Mit dieser Tagung setzte der Vorstand seine Bemühungen fort, in der Diskussion zur Lehrerbildung eine erziehungswissenschaftliche, schulpädagogische und fachdidaktische Position zu markieren.

Die Tagung diente dazu, eine Übersicht über die vielfältigen Entwicklungen, Aufgaben, Strukturen und Arbeitsweisen von Lehrerbildungszentren zu gewinnen und die Konzepte zu diskutieren.

Im vorliegenden Band werden die Beiträge dieser Tagung vorgestellt. Hinzugefügt wurde ein Beitrag von Franziska Wilke, in dem eine Bestandsaufnahme der Lehrerbildungszentren in Deutschland vorgenommen wird.

Für die redaktionelle Bearbeitung des Bandes danke ich Frau Dr. Anne Wessel und Frau Dipl.-Päd. Jana Dreyer.

Hans Merkens
Berlin, im Dezember 2004

Zentren für Lehrerbildung: Eine Neuerung mit Zukunft?

Hans Merkens

Mit diesem Band unter dem Thema „Zentren für Lehrerbildung" setzt die DGfE die Reihe ihrer Publikationen zur Lehrerbildung fort. Begonnen haben wir mit einem Band, in dem die Reform der Studiengänge im Mittelpunkt der Betrachtungen stand. Es folgte ein Band, in dem über IGLU und mögliche Konsequenzen für die Ausbildung der Grundschullehrerinnen und Grundschullehrer nachgedacht wurde. Nunmehr wenden wir uns den Zentren für Lehrerbildung mit einem eigenen Band zu.

Zentren für Lehrerbildung stehen in den letzten Jahren symbolisch für *Neuerung* und für *Neuanfang* in der Lehrerbildung. Deshalb wird es eine der Fragen in unserer Diskussion sein, die ich auch am Beginn gar nicht beantworten will, ob sie diesem Anspruch bzw. dieser Erwartung genügen können. Die Erwartungen werden wiederum aus dem Zustand gespeist, in dem sich die Lehrerbildung befindet. Zwar haben erst die Ergebnisse von TIMSS, PISA und weniger vielleicht von IGLU die Öffentlichkeit mit der Tatsache konfrontiert, dass das Bildungssystem die in dieses gesetzten Erwartungen nicht erfülle, obwohl lange Zeit vorher bereits bekannt war, dass es Mängel im Bildungssystem gibt. Diese Mängel haben im Ergebnis dazu geführt, dass vor allem die „professionelle Kompetenz", das ist ein schönes neudeutsches Wort, das gegenwärtig gern verwendet wird, nicht ausreiche, um eine hinreichende Bildung der Kinder zu sichern. Reformbestrebungen haben dann seitens der DFG mit dem Schwerpunktprogramm Bildungsqualität von Schule und den ausgeschriebenen Forschungsschwerpunkten Bildungsforschung eingesetzt. Außerdem wurden Reformbemühungen im Rahmen der bereits erwähnten Reformen der Lehrerbildungsstudiengänge sichtbar. Die Zentren für Lehrerbildung, die vor allem in den letzten Jahren entstanden sind, stellen nunmehr den Versuch dar, auch organisatorisch auf die neuen Herausforderungen zu reagieren. Dabei hat sich bisher kein Königsweg für eine Lösung ergeben, vielmehr zeichnen sich bei der Konstruktion und der Aufgabenstellung sehr unterschiedliche Vorgehensweisen ab.

Zentren für Lehrerbildung sind in Deutschland in aller Regel keine „School of Education", wie das in den USA häufig der Fall ist, d.h. den Zentren obliegt in Deutschland im Gegensatz zu diesem Modell nicht die Aufgabe, die Lehrerbildung an einer Universität zu organisieren und alle Lehrdienstleistungen, die nicht aus dem Zentrum erbracht werden können, bei anderen Schools oder Fakultäten einzukaufen. Ein Zentrum dieser Art böte auf den ersten Blick den Vorteil, die Lehrerbildung so zu organisieren, dass alle Angebote aufeinander abgestimmt werden können, d.h. dass das oft übliche Nebeneinander von fachwissenschaftlichen, fachdidaktischen und erziehungswissenschaftlichen, schulpädagogischen, pädagogisch-psychologischen Angeboten durch ein integratives Konzept ersetzt werden könnte. Der entscheidende Gesichtspunkt wäre dabei, dass es eine Verantwortung in einer Institution innerhalb der Universität für die Lehrerbildung gäbe. Das ist ein Zustand, von dem wir in der Bundesrepublik noch weit entfernt sind, der vielleicht in der Vergangenheit in Ansätzen bei den Pädagogischen Hochschulen gegeben war, bei denen dann aber eine andere wesentliche Komponente nicht hinreichend ausgebaut gewesen ist, die Forschung.

Damit ist eine zweite mögliche Komponente benannt, die einen Ansatzpunkt für „Zentren für Lehrerbildung" bietet: die Bildungsforschung. Ich habe bereits darauf verwiesen, dass die DFG mit zwei Initiativen versucht, Bildungsforschung zu fördern. Dabei ist die erste nicht so sehr auf Zentren für Lehrerbildung angewiesen wie die zweite. Bildungsqualität von Schule bietet als Forschungsprogramm zunächst eine Möglichkeit, bundesweit einzelne Projekte zu fördern, die in das Programm passen und eine hinreichende wissenschaftliche Qualität versprechen. Die Forschungsschwerpunkte Bildungsforschung erfordern demgegenüber an den Universitäten, die sich bewerben und gegebenenfalls den Zuschlag erhalten, eine hinreichende Fokussierung verschiedener Beteiligter auf ein gemeinsames Programm Bildungsforschung. Das setzt dann im Einzelnen auch eine Zusammenarbeit von Fachdidaktikern und Erziehungswissenschaftlern sowie pädagogischen Psychologen und pädagogischen Soziologen voraus. Voraussetzungen für eine solche Zusammenarbeit können in Zentren für Lehrerbildung geschaffen werden.

Eine dritte Aufgabe, die gegenwärtig nicht zu unterschätzen ist, kann ebenfalls von Zentren für Lehrerbildung übernommen werden. Es zeichnet sich ab, dass für verschiedene Lehrämter der Ersatzbedarf über ordnungsgemäß ausgebildete Absolventen nicht gedeckt werden kann. Das ist z.B. in vielen Bereichen des berufsbildenden Schulwesens der Fall. Wenn es dann zur Einstellung von Personal kommt, das für die Aufgabe nicht hinreichend qualifiziert ist, bieten neben Sonderformen der zweiten Phase der Lehrerbildung „Zentren für Lehrerbildung" eine Möglichkeit, die erforderlichen Ausbildungsleistungen zur Verfügung zu stellen, die in diesem Fall vor allem fachdidaktisch, erziehungswissenschaftlich, schulpädagogisch, pädagogisch-psychologisch ausgerichtet sein müssen.

Diese kurze Aufzählung lässt bereits ein sehr unterschiedliches Spektrum möglicher Aufgaben erkennen, das dann auch in unterschiedlichen Kombinationen und mit unterschiedlichen Schwerpunktsetzungen wahrgenommen werden kann. Daneben gibt es eine weitere Aufgabe, die von den Zentren übernommen werden könnte. Gegenwärtig gibt es in der Regel eine scharfe Trennung zwischen den Aufgaben der ersten und der zweiten Phase der Lehrerbildung. Dabei bieten sich bei genauerem Hinsehen bestimmte Formen der Kooperation an: Während an den Universitäten die Betreuung der Praktika oft nicht mit hinreichender Betreuungsdichte geleistet werden kann – hier wäre eine Unterstützung durch die Seminare der zweiten Phase hilfreich – gibt es in der Ausbildung der zweiten Phase häufig gewisse Verzögerungen bei der Übernahme und Umsetzung von Ergebnissen der Schul- und Unterrichtsforschung. Deshalb wäre durch eine enge Kooperation mit den Universitäten und auch dem Einsatz von Personal aus den Universitäten sicherlich eine Verbesserung der Ausbildungsqualität zu erreichen. Zentren für Lehrerbildung könnten hier eine Vermittlungsfunktion übernehmen.

Diese Vermittlungsfunktion zwischen Wissenschaft und Praxis bietet sich auch für einen dritten Bereich an: Die Weiterbildung der Lehrkräfte. Hier haben traditionell Landesinstitute eine Aufgabe entdeckt. Aber auch für die Landesinstitute gilt, was ich bereits für die zweite Phase als ein Manko formuliert habe: Es kann einige Zeit vergehen, bis neuere Erkenntnisse der Forschung umgesetzt werden, wenn nicht Hochschullehrer gegen Entgelt in den Landesinstituten tätig werden. Auf Dauer ist es wünschenswert, dass die Zentren für Lehrerbildung solche Aufgaben mit übernehmen. Erst dadurch kann gesichert werden, dass neues Wissen zeitnah in die Praxis eingeführt wird. Vom Ansatz her wird diese Aufgabenstellung durchaus gesehen.

Zentren für Lehrerbildung können sich viertens auch der Aufgabenstellung zuwenden, zur regionalen Schulentwicklung beizutragen. Das ist eine Herausforderung, die quer zu allen anderen Aufgaben liegt, die ich bisher benannt habe.

Von besonderem Interesse ist wiederum, wie die Zentren intern organisiert werden. Nicht bewährt haben sich m. E. Modelle, bei denen nur mit geborenen Mitgliedschaften operiert wird, weil in diesem Fall die Mitgliedschaft nicht an bestimmte Formen der Leistungserbringung geknüpft ist. Das ist aber zentral, wenn die Zentren für Lehrerbildung nicht nur eine gelegentliche Erscheinung bleiben sollen. Sie müssen sich durch ihre Art der Leistungserbringung legitimieren. Das gilt im universitären Kontext ebenso wie für die Außenwirkung.

Vor diesem Hintergrund haben wir uns bei dem Interdiziplinären Zentrum für Lehr-Lern-Forschung" (IZLL) an der FU Berlin erstens dazu entschlossen, dass nur Mitglieder aufgenommen werden können, die selbst über ein Forschungsprojekt verfügen, das bereits begutachtet ist und dadurch eine Genehmigung erhalten hat, oder das von Gutachtern, die zum Vorhaben gefragt worden sind, als relevant eingestuft worden ist. Auf diese Weise ist ein Kreis von Hochschullehrerinnen und Hochschullehrern entstanden, die alle ein Forschungsprojekt aktiv betreiben und die nicht nur an der FU lokalisiert sind. Vielmehr sind im Zentrum Hochschullehrerinnen von der FU, der HUB, der Universität Potsdam und der Fachhochschule „Alice Salomon" vertreten.

Eine solche Fokussierung reicht allein noch immer nicht aus, weil die Folge wäre, dass ein lockerer Verbund von Forscherinnen und Forschern entsteht, es aber keinerlei Synergieeffekte gäbe. Folgende Erfahrungen aus der Arbeit am IZLL halte ich für wesentlich:

1. Es ist wichtig, dass gemeinsame Projekte beantragt werden. Am Zentrum gibt es bisher nur zwei Projekte, die aus dem Zentrum heraus entstanden sind: Erstens ein Projekt, in dem der Schriftspracherwerb von Kindern mit Migrationshintergrund untersucht wird und das als Längsschnittstudie angelegt ist. Zweitens gibt es ein Projekt, in dem untersucht wird, wie der Einsatz von Fördermitteln an Gesamtschulen optimiert werden kann.
2. Es gibt ein Forschungskolloquium, in dem die einzelnen Projekte, die die Mitglieder durchführen, vorgetragen werden. Auf diese Weise wird die wissenschaftliche Kommunikation über die vorhandenen Projekte gefördert.
3. Seit diesem Semester gibt es eine Vortragsreihe, in der Impulse der Bildungsforschung für die Schulentwicklung den Gegenstand bilden.
4. Es sind bisher zwei Symposien durchgeführt worden, in denen vor allem aus der Perspektive der Fachdidaktik Beiträge zur Bildungsforschung vorgetragen worden sind.
5. Es hat zwei Workshops gegeben, in denen Experten zum Projekt Schriftspracherwerb bei Kindern mit Migrationshintergrund ihre Expertise eingebracht haben.

Im vorliegenden Band sind verschiedene Konzepte von „Zentren für Lehrerbildung" versammelt, die inzwischen in der Bundesrepublik gegründet worden sind. Dabei ergibt sich eine große Variation von Konzepten, die einleitend kurz charakterisiert werden sollen. Ähnlich wie an der FU Berlin ist auch das „Zentrum für Lehrerbildung" an der *Universität Halle* ausschließlich auf Forschung fokussiert. Dieses Zentrum arbeitet bereits seit Jahren erfolgreich. Dabei stehen sowohl Fragen der Unterrichts- als auch der Schulentwicklung im Mittelpunkt des Interesses und es gibt darüber hinaus auch eine Zusammenarbeit zwischen Fachdidaktik und Erziehungswissenschaft.

Ein völlig anderes Konzept wird an der *Universität Kassel* verfolgt. Dieses Zentrum, das intern die weitestgehende organisatorische Gliederung – aber auch Vernetzung – aufweist, soll nicht nur Impulse für die Lehrerbildung selbst, sondern vor allem auch für Schule und Unterrichtsentwicklung in der Region geben. Es kann als Beispiel dafür genommen werden, wie Forschungsfragen in Kooperation mit Praxis generiert werden und gleichzeitig die Kooperation der Universität mit der Region gefördert werden kann.

Das *Göttinger Zentrum* wiederum weist in der Anfangsphase einen Schwerpunkt bei der Qualifikation bei Seiteneinsteigern auf, soll einen Masterstudiengang in Education generieren und außerdem durch die Kooperation von Fachdidaktikern mit pädagogischen Psychologen und Erziehungswissenschaftlern beim Generieren von Forschungsprojekten wirksam werden.

Das *Münsteraner Zentrum* ist erst in Gründung und wird vor allen Dingen die Lehrerbildung als Themenfeld besetzen. Eine lange Tradition weisen die beiden Lehrerbildungszentren in Bielefeld und Paderborn auf. Dabei werden in *Paderborn* die an Lehrerbildung beteiligten Fächer im Zentrum zusammengeführt, um die notwendige Koordination der Lehre in der Lehrerbildung zu erreichen. Vom Anspruch her ähnelt dieses Zentrum noch am meisten dem Modell der „School of Education". In *Bielefeld* wiederum werden über das Zentrum wesentliche Aspekte der Administration in der Lehrerbildung erledigt.

Ergänzt werden die Beiträge des Bandes um eine Darstellung zum heutigen Stand der Gründung und Entwicklung von Zentren für Lehrerbildung. Dabei zeigt sich, dass es sehr unterschiedliche Formen gibt, die weit über die in diesem Band zusammengefassten einzelnen Zentren für Lehrerbildung hinausgehen. Im Extremfall beschränken sich einige Zentren auf die Organisation der Praktika, während in anderen Zentren versucht wird, in der Lehre, in der Forschung oder in der Kooperation mit Dritten Lehrerbildung konzeptionell neu zu bestimmen.

Zusammengefasst lässt sich feststellen, dass Zentren einer Fokussierung auf bestimmte Fragestellungen bedürfen und dafür auch geeignete Formen der Kommunikation entwickeln müssen. Diese Kommunikation muss kontinuierlich gesichert werden.

Zentren für Lehrerbildung: systematische Probleme, institutionelle Widersprüche, praktische Schwierigkeiten

Ewald Terhart

1. Ausgangssituation

Seit etwa zehn Jahren werden an Universitäten mittlerweile bundesweit Zentren für Lehrerbildung eingerichtet. Sie haben die Aufgabe, die Situation des ersten, universitären Abschnitts der Lehrerbildung zu verbessern. Zentren für Lehrerbildung als zentrale wissenschaftliche Einrichtungen werden in sämtlichen Reformpapieren und -dokumenten zur Lehrerbildung empfohlen; alle an der neueren Lehrerbildungsdebatte beteiligten und interessierten Gruppen, Verbände und Parteien haben sich positiv zu dieser Idee geäußert.[1] Dabei ist die Idee einer fächer- oder fachbereichsübergreifenden Koordination des universitären Abschnitts der Lehrerbildung keineswegs neu: Bereits in den frühen 1970er Jahren gab es z.B. im Rahmen des Modellversuchs zur einphasigen Lehrerbildung sog. „Zentren für pädagogische Berufspraxis", manche Universitäten richteten spezielle Senatskommissionen für Lehrerbildung ein, z.T. übten die an allen lehrerbildenden Universitäten bestehenden und unterschiedlich benannten Organisationsstellen für Schulpraktika eine ähnliche Funktion aus – mit mehr oder weniger Erfolg. Die Gründung von Zentren für Lehrerbildung schließt also einerseits an diese Traditionen an und nimmt in vielen Fällen bereits bestehende Einrichtungen ähnlicher Art in sich auf. Andererseits – und dies ist ein entscheidender Unterschied – weisen sie eine neue rechtlich-institutionelle Form auf: Zentren für Lehrerbildung werden durchweg als *zentrale wissenschaftliche Einrichtungen* geführt. Anders als Koordinationsbüros etc. sind sie dadurch enger an den eigentlichen Kern von Universität, an die Wissenschaften also, herangerückt und stehen unter wissenschaftlicher Leitung. Dadurch entsteht mehr Einfluss und neue Verantwortlichkeit – und zugleich entsteht ein erweitertes Potential für Konflikte.

---

1 Vgl. zu Zentren für Lehrerbildung die verschiedenen Veröffentlichungen von Blömeke 1998, 2000a, 2000b, 2002; Rinkens et al. 1999.

Die Begründungen für die Etablierung von Zentren für Lehrerbildung sind bundesweit größtenteils einheitlich. Es sei an dieser Stelle auf die in der KMK-Kommission „Lehrerbildung" definierten Aufgabenbereiche verwiesen (Terhart 2000, 111):

- Koordination von Lehren und Lernen im Rahmen der Lehrerausbildung
- Koordination der Lehrerausbildungsstudiengänge (incl. Zusatzstudiengänge)
- Konzeption und Koordination von Praktika
- Verbindung zwischen Allgemeiner Didaktik, Fachdidaktik und Fachwissenschaft
- Unterstützung und gegebenenfalls Initiierung von schulbezogener Forschung und Entwicklung
- Beratung bei der Erstellung und Novellierung von Prüfungs- und Studienordnungen
- Planung, Organisation und Koordination von Studienangeboten
- Interne Evaluation von Studium und Lehre im Rahmen der Lehrerausbildung
- Beteiligung (Beratung) bei der Berufung von Professoren in den Lehramtsstudiengängen
- Studienberatung für Lehramtsstudierende (in Koordination mit den bereits vorhandenen Einrichtungen der Studienberatung)
- Entwicklung und Koordination multimedialer Formen in der Lehrerbildung.

Zentrales Argument ist die Notwendigkeit, der über viele Fachbereiche und Fächer verteilten Lehrerbildung einen „Ort" innerhalb der Universität zu verschaffen, an dem die Belange der Lehrerbildung prominent und nachhaltig vertreten werden. Von einem solchen Ort[2] aus lassen sich die Koordination der universitären Lehr- und Beratungsangebote in den Lehramtsstudiengängen sowie die Kooperation mit außeruniversitären Einrichtungen der Lehrerbildung (Staatliche Prüfungsämter, Studienseminare, Schulen) auf eine feste, vom Engagement einzelner Personen unabhängige Basis stellen und weiterentwickeln. Als weitergehende Zielsetzungen werden genannt: Förderung des wissenschaftlichen Nachwuchses in der Lehrerbildung, Personalaustausch und -qualifizierung zwischen Schule und Hochschule, Bildung regionaler Netzwerke zur Lehrerbildung und

---

2   Die Metapher des Ortes in der (Schweizer) Lehrerbildungsdebatte ist von Messmer (1999) untersucht worden.

Schulentwicklung, Organisationsentwicklung und hochschuldidaktische Qualifizierung innerhalb der Universität.

Kritisch zu den Zentren äußern sich Radtke und Webers (1998), wobei sie in ihrer Darstellung das Problem der Zentren einerseits verkleinernd fast nur mit der Frage der schulpraktischen Studien verknüpfen, andererseits die Gründung von Zentren zum Anlass nehmen, um sehr globale Thesen über das Scheitern der Lehrerbildung an der Universität und über staatliche Formierungstendenzen im Hochschulbereich zu formulieren. Nach ihrer Auffassung können die überzogenen und letztlich standespolitisch motivierten Ideen der Lehrerbildner zur universitären Lehrerbildung in der Universität gar nicht erfüllt werden. Die als Reaktion auf dieses unausweichliche Scheitern geforderten bzw. etablierten Zentren für Lehrerbildung, womöglich in staatlicher Regie, würden die Lehrerbildung dann wieder aus dem kritischen Reflexionshorizont von Wissenschaft herausnehmen und am Ende der Schulpraxis selbst zuweisen. Die Empfehlung der Autoren geht dahin, die Lehrerbildung in der Universität dezidiert theorieorientiert und bewusst praxisdistant zu gestalten, weil nur dies dem Auftrag und der Stärke der Universität entspreche. Berufsbezug sei Sache der 2. Phase. Meines Erachtens wird hier mit Blick auf anspruchsvolle akademische Ausbildungen *generell* ein eigentlich überholtes Verständnis von Wissen und Handeln zugrunde gelegt. Für die Erziehungswissenschaft wird unter *systematischen* Gesichtspunkten die Relation von Disziplin und Profession verkannt bzw. aufgelöst. Und unter einem *strategischen* Gesichtspunkt schließlich bringt eine solche Argumentation die Erziehungswissenschaft als Teil der Lehrerbildung inner- und außeruniversitär in eine sehr problematische Lage.[3]

Zur Verdeutlichung der Notwendigkeit solcher Zentren für Lehrerbildung sei kontrastiv auf zwei Beispiele hingewiesen, in denen eine solche universitätsweite Koordination gerade *nicht* notwendig ist: Beim Medizin- und Jurastudium gibt es eine weitgehende Deckung zwischen *einer* Disziplin, *einem* Studiengang und *einem* (in sich allerdings gegliederten) Berufsfeld. Universitäre Lehrerbildung umfasst demgegenüber mehrere Lehramtsstudiengänge, an denen bei sehr großen Universitätsstandorten z.T. mehr als 20 Fächer (oder Teile von Fächern) beteiligt sind: Mathematik und Naturwissenschaften, Geistes- und Sozialwissenschaften, sofern Berufsschullehrerbildung vorhanden ist: Technik-, Ingenieur- und Wirtschaftswissenschaften. Mit der Gründung solcher Zentren reagieren die Universitäten auf diese besondere Situation der Lehrerbildung, die aufgrund ihrer ‚verteilten' oder ‚fragmentierten' Situation schon immer quer zur traditionel-

---

3   Im Grunde führt eine solche kritische Erziehungswissenschaft die universitäre Lehrerbildung zum Philologen-Ausbildungskonzept des 19. Jahrhunderts zurück, das die Gymnasiallehrerbildung noch bis in die 1950er Jahre bestimmt hat (Rotermund 1998).

len Fächerstruktur der Universität gelegen hat.[4] Die Bereitschaft zur Etablierung solcher Zentren ist in solchen Universitäten besonders früh und stark ausgeprägt, die vor Jahrzehnten durch Ausbau von Pädagogischen Hochschulen entstanden sind oder die als bereits bestehende Universitäten am Ort befindliche Pädagogische Hochschulen in sich aufgenommen haben. Ausnahmen bestätigen die Regel.

Zentren für Lehrerbildung sind insofern eine Reaktionen auf die – verglichen mit anderen universitären Fächern und Studiengängen – Besonderheiten der universitären Lehrerbildung. Diese institutionelle Reaktion ist einerseits positiv zu bewerten; sie birgt aber auch den Keim für eine Denkweise, die aus den Besonderheiten der Lehrerbildung den Schluss ableitet, dass sie in der nach Fächern gegliederten Universitätsstruktur eigentlich ganz falsch platziert ist und letztlich in eine Institution außerhalb der Universität gehört, die gänzlich und nur der einen Aufgabe der Lehrerbildung als einer praxisorientierten Berufsausbildung verpflichtet ist.[5] Dies würde zur Auslagerung der Lehrerbildung aus den Universitäten und ihre Verlagerung z.B. an Fachhochschulen führen. Aber Fachhochschulen sind ebenfalls keine Hochschulen für Lehrerbildung, und viele von ihnen bewegen sich bewusst in Richtung auf die Universität. Fachhochschulen können in sich nicht die Vielzahl der Fächer darstellen, die – siehe oben – die Besonderheit der Lehrerbildung ausmacht. Und schließlich: Bei einer solchen pauschalen Verlagerung würde kein einziges inhaltliches und konzeptionelles Problem der Lehrerbildung gelöst; am neuen Ort träfe man auf die alten Probleme.[6]

---

4   Dieses ist die *institutionelle* Besonderheit der Lehrerbildung an der Universität. Unabhängig hiervon teilt sie mit allen anderen universitären Fächern bzw. Studiengängen das *systematische* Dauer-Problem der Balancierung des Verhältnisses von Disziplin (Theorie, Wissenschaft, Forschung) und Profession (Ausbildung, Praxis, Anwendung): Wie weit kann Wissenschaft zur Qualifizierung für einen Beruf beitragen, der dann selbst nicht allein auf der Basis von erworbenem wissenschaftlichem Wissen, sondern nur unter Hinzunahme bzw. Entwicklung von praktisch folgenreichen personalen Kompetenzen, Haltungen und Überzeugungen qualifiziert ausgeübt werden kann (vgl. dazu generell Jäger/Schönert 1997). Unter dem *curricularen* (ausbildungsbezogenen) Gesichtspunkt ergibt sich die Frage, wie man im Laufe des Bildungsgangs zum späteren Beruf die Elemente der Wissensaneignung, Erfahrungsbildung und Selbstreflexion in zeitlicher, sachlicher und sozialer Hinsicht adäquat miteinander verknüpft. (Zum Problemkomplex ‚Universität und Lehrerbildung' vgl. von Prondczynsky 1998; Blömeke 2003; Tenorth 1997, 2004; Roth 1999; Radtke 1999; für die vergleichende Perspektive Judge et al. 1994.)

5   Dieses Argument spielt z.B. bei der politisch gewollten Beibehaltung der Pädagogischen Hochschulen in Baden-Württemberg weiterhin eine zentrale Rolle. Allerdings wird dieses Argument bezeichnenderweise immer nur in Richtung auf die Grund-, Haupt- und (ggf.) Realschullehrerbildung vorgebracht – nicht für die Gymnasiallehrerbildung.

6   Dies schließt nicht aus, dass an geeigneten Standorten Kooperationen zwischen Universitäten und Fachhochschulen in der Berufsschullehrerbildung aufgebaut werden.

Generell wird man bei der inhaltlichen und institutionellen Vertretung der Belange der Lehrerbildung an den Universitäten zwar deren Besonderheiten berücksichtigen und konstruktive Lösungen durchsetzen müssen – die Besonderheit der Lehramtsstudiengänge sollte jedoch auch nicht als allzu ‚besonders' dargestellt und ihre Berücksichtigung nicht allzu martialisch eingeklagt werden, da dann automatisch Abstoßungsreaktionen zu erwarten sind, die die Möglichkeit für inhaltliche Verbesserungen eher reduzieren.

Wie immer bei der Einführung von neuen Querstrukturen in bestehende Organisationsgefüge treten Abgrenzungs- und Kompetenzprobleme auf: Wie viel Macht muss einem Zentrum für Lehrerbildung mindestens gegeben werden, damit es seine Aufgaben erfüllen kann – und wie machtlos muss es bleiben, damit die Akzeptanz und breite Verankerung in der Universität nicht gefährdet wird oder am Ende gar für die Lehrerbildung eine eigenständige Fakultät neben der ‚eigentlichen' Universität entsteht. Man könnte übrigens meinen, dass die am erziehungswissenschaftlichen Studienanteil in der Lehrerbildung beteiligten Fächer (Pädagogik, Psychologie, Soziologie, Philosophie u.a.) die Gründung solcher Zentren durchweg und bedingungslos unterstützen würden. Das ist aber nicht immer der Fall – was vielleicht durch die Sorge dieser Fächer zu erklären ist, die Deutungshoheit für den Zustand der Lehrerbildung am Standort zu verlieren oder vom Zentrum für Lehrerbildung aus selbst mit neuen Anforderungen an die Ausgestaltung der Lehre konfrontiert zu werden.[7] Die erste Sorge ist insofern vielleicht nicht ganz berechtigt, weil innerhalb der Binnenkultur vieler Universitäten die genannten Fächer nie wirklich die Deutungshoheit zur Lehrerbildung hatten – jedenfalls nicht nachhaltig in Richtung auf ‚die Fächer'. Die zweite Sorge ist schon berechtigter, denn hinsichtlich der Lehrangebote in den erziehungswissenschaftlichen Elementen des Lehramtsstudiums ist nach übereinstimmender Beurteilung der meisten Beteiligten und Beobachter (und einiger empirischer Analysen) vieles im Argen.

In denjenigen universitären Disziplinen wiederum, die den Unterrichtsfächern korrespondieren und die zumal in den gymnasialen Lehramtsstudiengängen den allergrößten Teil eines Lehramtsstudiums ausmachen, werden Zentren für Lehrerbildung eher argwöhnisch daraufhin beobachtet, ob sie als fachfremde Instanzen auf die Art und Organisation der Lehre einwirken (oder gar bei Personalentscheidungen mitwirken) wollen und dies aufgrund der rechtlichen Konstruktion gegebenenfalls auch können.

Unter diesen schwierigen Bedingungen müssen Zentren für Lehrerbildung ihren Platz erst noch finden. Dass es dabei nicht *die* allgemein gültige beste Lö-

---

7 In der ersten Phase der Diskussion um Zentren für Lehrerbildung hat die Deutsche Gesellschaft für Erziehungswissenschaft sich eher zurückhaltend bis kritisch geäußert (vgl. DGfE 1999). Das ist heute anders.

sung, sondern immer nur standortangepasste, besondere Formen geben kann, ist selbstverständlich. In allen Reformpapieren zur universitären Lehrerbildung ist jedoch die Auffassung anzutreffen, dass solche Zentren zwar *mehr* sein müssen als bloße Koordinationsbüros, aber *weniger* als Quasi-Fakultäten, die dann zentral alle Ressourcen, Rechte und Personen, die in irgendeiner Weise am jeweiligen Standort mit Lehrerbildung verbunden sind, an sich ziehen.[8] Unter je besonderen standortspezifischen Bedingungen muss eine *Balance* gefunden werden, die einerseits die zentralen Belange der Lehrerbildung nachhaltig deutlich und praktisch folgenreich werden lässt, die aber andererseits die Lehrerbildung nicht in eine konfrontative Situation zu den sie tragenden Fächern hineinmanövriert. Diese Balance zu finden und durchzuhalten ist sicherlich ein schwieriger Prozess, der – wie in solchen Fällen üblich – sehr viel mit den agierenden Personen, ihrem Geschick und ihrem *standing* innerhalb der Universität zu tun hat.

2. Die Situation der Lehrerbildung an der Universität Münster: ein Beispiel

Die Westfälische Wilhelms-Universität Münster gehört – neben München und Köln – zu den größten Universitätsstandorten in Deutschland. Zugleich ist sie ein sehr großer Standort für Lehrerbildung (vgl. Tab. 1). Solche sehr großen Universitäten weisen – organisationstheoretisch betrachtet, aber auch auf der Erfahrungsebene des akademischen Lebens selbst – Besonderheiten auf, die sich auch auf die Situation der Lehrerausbildung auswirken. Für die Universität Münster und ihre Lehrerbildung ist darüber hinaus kennzeichnend, dass nach der Integration der Pädagogischen Hochschule Münster zu Beginn der 1980er Jahre, die (nach einer ersten, additiven Phase) schlussendlich als eine Fach-zu-Fach-Inte-

---

8 Deshalb schlägt Herrmann (2001) bewusst keine „Lehrerbildungsfakultät" vor, sondern eine Fakultät für pädagogische Lehr-Berufe; sozialpädagogische Berater- und Helferberufe werden ausdrücklich nicht mit einbezogen. Ihm schwebt eine ‚Fakultät für Kognitions- und Instruktionswissenschaften' vor. Die in diesem Zusammenhang von Weiler (2003) auch für Deutschland vorgeschlagene Form der *Professional School* ist noch schwer zu beurteilen, da es hierzulande keine praktischen Erfahrungen hierzu gibt und solche *Schools* mit dem bisherigen Strukturprinzip der deutschen Universität nur schwer in Einklang zu bringen sind. Aber dies kann sich wandeln. Die viel beschworene Einheit von Forschung und Lehre (letztere sowohl für den systemeigenen wissenschaftlichen Nachwuchs wie für die Vorbereitung auf außeruniversitäre Berufe) löst sich angesichts der Wissenschaftsentwicklung zunehmend auf. Pointiert formuliert: Forschung spezialisiert und entfaltet sich außerhalb der Universitäten; in solchen Forschungsinstitutionen findet dann auch die Ausbildung des wissenschaftlichen Eigen-Nachwuchses statt. Die auf diese Weise entkernten Universitäten werden zu forschungslosen Serviceeinheiten für die Berufsausbildung des gehobenen Bedarfs, dem eine wachsende Zahl von Berufen zugeordnet wird. Die Einführung von Bachelor/Master-Strukturen entspricht dieser Entwicklung.

gration vollzogen worden ist, nicht nur die Zahl der zu studierenden Lehrämter und Lehramtsfächer, sondern auch die Zahl und der Anteil der Lehramtsstudierenden gestiegen ist (WS 79/80: 9.548; WS 80/81: 13.658[9]). In Universitätsstandorten wie Münster war und ist das Lehramtsstudium ein ‚Massenphänomen' – dies gilt sowohl für die absolute Zahl der Lehramtsstudierenden als auch für deren Anteil an allen Studierenden. An solchen Standorten sind die Lehramtsstudierenden nicht selten die größte, positiv identifizierbare Studierendengruppe der Universität; die Gruppe der Studierenden in Jura, Medizin oder Wirtschaftswissenschaften ist durchweg kleiner. Angesichts dieser Zahlen wird die Idee, das Lehramtsstudium im Sinne eines auf „Gemeinschaft" basierenden personalen Bildungsprozesses durchführen zu wollen, zur Fiktion – und Versuche zu einer solchen Praxis werden zur Farce.

Tabelle 1: Studierendenzahlen sowie Anteil der Lehramtsstudierenden für ausgewählte Universitätsstandorte (WS 2001/02)

Universität	Studierendenzahl insgesamt	Lehramts-studierende	Anteil der Lehramts-studierenden**
Universität Köln	59.114	12.719	21,5%
Universität Münster	43.822	9.414	21,5%
Universität München	43.705	5.704	13,0%
Universität Eichstätt	4.020	651	16,2%
Hochschule Vechta*	1.921	886	46,1%

*   Die Hochschule Vechta hat rechtlich den Status einer Universität.
** Im Jahre 1999 betrug der Anteil der Lehramtsstudierenden an allen Studierenden bundesweit 14,6%.

Diese quantitativ bemerkenswert starke Repräsentanz der Lehrerbildung an Universitäten findet jedoch innerhalb der universitären Öffentlichkeit wie auch innerhalb des Macht- und Einflussgefüges der universitären Entscheidungsgremien, also in qualitativer Hinsicht, nicht ihre Entsprechung; dies gilt übrigens auch für die studentische Selbstverwaltung. Eine Ursache dafür ist, dass in den Disziplinen, die den Unterrichtsfächern entsprechen, Lehrerbildung als Serviceleistung und die Lehramtsstudierenden häufig nur als geduldete ‚Gäste' wahrgenommen werden (wobei die Gruppe der ‚Gäste' v.a. in den Sprach- und Geisteswissenschaften häufig bis zu 80% und mehr aller Studenten ausmacht). Die erziehungs- und sozialwissenschaftlichen Fächer, die die erziehungswissen-

---

9   Quelle: Jahresbericht des Rektors der Universität Münster 2001, 215.

schaftlichen Studienanteile anbieten, verfügen inneruniversitär nicht selten über wenig Einfluss. Und schließlich: selbst viele Lehramtsstudierende beurteilen die erziehungswissenschaftlichen Studienelemente – sofern überhaupt nennenswert verpflichtend – als randständig; üblicherweise werden sie in Stundenplanlücken mit erledigt. Wohlgemerkt: Dies sind immer wiederkehrende Beschreibungen und Beurteilungen in *allen* alten und neuen Situationsanalysen zur universitären Lehrerbildung, die zwar nicht auf alle, aber doch auf sehr viele universitäre Standorte der Lehrerbildung zutreffen und in Studierenden- und Absolventenbefragungen seit Jahrzehnten breit dokumentiert sind.[10]

An dem in NRW im Jahre 1994 zum ersten Mal ausgeschriebenen Programm für Lehrerbildungszentren hat sich die Universität Münster beteiligt und eine *Zentrale Koordination Lehrerbildung* (ZKL) etabliert – aber nicht als zentrale wissenschaftliche Einrichtung, sondern als Koordinationsstelle. Neben der ZKL bestanden weitere, aus der PH-Tradition verbliebene spezielle Einrichtungen, und zwar ein Praktikumsbüro und die ehemalige Mitschauanlage (beides zusammengefasst zum *Zentrum für Wissenschaft und Praxis*, ZWuP) sowie das *Institut für die Forschung und Lehre für die Primarstufe* (IFLP), das sich im Wesentlichen mit Fragen des Mathematikunterrichts in der Grundschule beschäftigte.

Einige weitere Rahmenbedingungen für die Lehrerbildung an der Universität Münster sollen kurz genannt werden:

- Derzeit (WS 2004/5) befinden sich an der Universität ca. 8.200 Studierende in Lehramtsstudiengängen.[11] Von diesen streben ca. 2.000 das Lehramt in der Primarstufe bzw. Grundschule an, 1.200 das Lehramt für die Sekundarstufe I (Haupt- und Realschule) sowie 5.000 das Lehramt für die Sekundarstufe II (z.T. mit Zusatzprüfung für Sekundarstufe I) bzw. das Lehramt für das Gymnasium bzw. Berufskolleg.
- Etwa ein Drittel Gesamtlehrkapazität der Universität geht in die Lehrerbildung ein (Berechnungsbasis: Studienfälle). In den für die Lehrerbildung relevanten Fächern bzw. Disziplinen der Universität ist der Anteil der Lehramtsstudierenden unterschiedlich hoch; er liegt durchschnittlich bei 40-60% mit Spitzenwerten bis zu 80% und mehr.
- Seit 2000 ist die jährliche *Zahl der Erstsemester* in den Lehramtsstudiengängen kontinuierlich gestiegen (2000: 1.544; 2004: 2.157), so dass

---

10 Vgl. z.B. die neuere Studie von Lersch und Stierle (2003) zur Lehrerbildung an der Universität Marburg sowie Merzyn (2002).

11 Aufgrund der in NRW landesweiten, ab dem Sommersemester 2004 geltenden Einführung von Studiengebühren für Studierende, die die Regelstudienzeit um die Hälfte überschritten haben, ist seit diesem Semester an allen Universitätsstandorten die Studierendenzahl zurückgegangen. Dies erklärt die Differenz der aktuellen Zahl der Lehramtsstudierenden zu der in Tab. 1 für Münster ausgewiesenen Zahl.

die Lehrnachfrage insbesondere (zunächst) im Grundstudium deutlich angewachsen ist. Der Anteil der Lehramts-Erstsemester an *allen* Erstsemestern ist im gleichen Zeitraum von 18% auf 27% gestiegen. Auch längerfristig wird also der Anteil der Lehramtsstudierenden an allen Studierenden hoch bleiben bzw. noch steigen.

▪ Nach der alten Lehramtsprüfungsordnung (die aber für die allermeisten der jetzigen Lehramtsstudierenden Gültigkeit hat; die neue LPO gilt seit 2003) studieren Lehramtsstudenten in NRW nominell 30 SWS im erziehungswissenschaftlichen Studium und erwerben dort – ohne Praktikumsscheine – je nach Lehramt zwischen 4 oder 5 Nachweise (Teilnahmenachweise, Qualifizierte Studienbescheinigungen, Leistungsnachweise). Wie viele SWS *tatsächlich* absolviert wurden bzw. werden, ist nicht bekannt.

▪ Die Lehreinheit Erziehungswissenschaft mit ihren drei Instituten steht unter einer rechnerischen Überlast von 119%. Rechnerisch gehen über 60% der gesamten Kapazität der Lehreinheit in das erziehungswissenschaftliche Studium im Lehramt; faktisch ist der Anteil sehr viel höher. In den Kapazitätsberechnungen ist der Anteil des erziehungswissenschaftlichen Studiums am Curricularnormwert für das Lehramtsstudium sehr klein und wird – wie bei allen anderen an der Lehrerbildung beteiligten Fächern – technisch als ‚Serviceleistung' an die Lehrerbildung gerechnet. Weil aber alle Lehramtsstudierenden diesen kleinen Anteil absolvieren müssen, ist ein sehr großer Teil der Kapazität der Erziehungswissenschaft durch diese ‚Serviceleistung' verbraucht.

▪ Für den (alten) Primarstufenstudiengang gab es seit einigen Jahren einen landesweiten NC; dieser gilt heute für den Schwerpunkt Grundschule im Lehramt für Grund-, Haupt- und Realschulen. Mittlerweile sind auch große Lehramtsfächer (z.B. Deutsch, Geschichte) in Münster mit einem „Orts-NC" im Lehramtsstudium belegt. Der Zufluss zu den Lehramtsstudiengängen generell basiert jedoch nicht auf den Kapazitäten im erziehungswissenschaftlichen Studium. Wäre dies der Fall, müsste die Zahl der Neueinschreibungen in den Lehramtsstudiengängen drastisch reduziert werden; die Kapazitäten im erziehungswissenschaftlichen Studium würden zum Flaschenhals für den Zufluss, der dann – fein verteilt auf die Fächer – die Studierendenzahl dort voraussichtlich stark reduzieren würde.

▪ Seit 2003 gilt in NRW eine neue Lehramtsprüfungsordnung, die das alte Lehramt Primarstufe abschafft bzw. in das neue kombinierte Lehramt für Grundschule, Hauptschule, Realschule integriert (wobei Studierende einen Schwerpunkt bei Grundschule *oder* Haupt- und Realschule wählen müssen) und das Lehramt für Gymnasien wieder einführt. Seit dem WS 2003/04 wird das erziehungswissenschaftliche Studium in modularisierter Form angeboten, d.h. alle Studierenden, die ihr Lehramtsstudium mit dem WS 2003/4 oder später aufgenommen haben, studieren in Modulen mit Nachweispflicht und Leistungspunkten. Dies hat dem erziehungswissenschaftlichen Studium im Lehramt eine klare inhaltliche und sequenzielle Binnenstruktur gegeben – und eben deshalb zu einer Explosion der Lehrnachfrage und der von den Lehrenden zu bewerkstelligenden Prüfungsverwaltung geführt, da nunmehr tatsächlich das gesamte Studienvolumen absolviert werden muss: Das ehedem nachlässig erledigte Beiwerk ist aufwändig geworden! Hinzu kommt aktuell ein durch die Einführung von Studiengebühren (für Studierende, die die Regelstudienzeit um mehr als die Hälfte überscheiten) ausgelöstes ‚beschleunigtes', also zeitlich verdichtetes Studieren bei vielen Studierenden in höheren Semestern mit dem Ziel, alle Voraussetzungen für die Anmeldung zur Prüfung nunmehr möglichst rasch zu erwerben. Auch aus der Gruppe der nicht-modularisiert Studierenden erwächst also aktuell eine erhöhte Lehrnachfrage.

- Die Universität Münster hat sich darum beworben, in das landesweite Modellprogramm für die Einführung von konsekutiven Bachelor/Master-Strukturen in der Lehrerbildung aufgenommen zu werden. Dieser Antrag ist bewilligt worden; ab Wintersemester 2005/6 werden Erstsemester sich in Bachelor-Studiengänge einschreiben können und dann später die Entscheidung fällen, in welche Master-Programme sie gehen. Parallel dazu laufen die grundständigen Studiengänge innerhalb und außerhalb der Lehrerbildung aus. Die seit dem Wintersemester 2003/04 modularisierte Struktur des erziehungswissenschaftlichen Studiums wird auf die konsekutive Lehramtsstruktur im Rahmen des Bachelor/Master-Systems umgestellt.

In dieser Umbruchsituation kommt dem Zentrum für Lehrerbildung natürlich eine besonders wichtige Rolle zu. Da sowohl das neue Lehrerbildungsgesetz (LABG 2002) als auch die neue Lehramtsprüfungsordnung (LPO 2003) von der Existenz von Zentren für Lehrerbildung *als zentrale wissenschaftliche Einrichtungen* an den Standorten der Lehrerbildung ausgehen, sind in diesem Jahr (2004) sowohl in Münster als auch in Köln (als letzten Standorten in NRW) solche Zentren *in dieser Rechtsform* gegründet worden. In Münster gehen die oben genannten Vor-Institutionen (ZKL, ZWuP, IFLP) in das neu gegründete ZfL ein. Eine vom Rektorat eingesetzte Arbeitsgruppe hat 2003 ein Konzept vorgelegt. Ein Gründungsvorstand unter der Leitung des Prorektors für Lehre hat eine Satzung sowie ein Organisationskonzept für das Zentrum für Lehrerbildung erarbeitet, und im Sommer 2004 wurde vom Senat der formelle Errichtungsbeschluss gefasst. Über die Arbeit des neu errichteten Zentrums kann insofern noch nicht berichtet werden.

3. Organisationsinterne Deutungen

Für die universitäre Lehrerbildung stellen Zentren für Lehrerbildung eine wichtige Errungenschaft dar; für die Universitäten sind sie nicht selten eine Herausforderung. Dies hängt mit der zu Beginn skizzierten ‚verteilten' Situation der Lehrerausbildung innerhalb der Fächerstruktur der Universität zusammen. Je nach Ausgangs- und Interessenlage können von den Universitäten insgesamt oder von einzelnen inneruniversitären Teilmilieus solche Zentren (1) als in jeder Weise *begrüßenswertes*, (2) als *strategisch vorteilhaftes bzw. entlastendes* oder schließlich (3) als *störendes* Element gedeutet werden. Alle drei Perspektiven und Beurteilungen sind nachvollziehbar, führen aber – jeweils in ihrer Ausschließlichkeit und insbesondere bei Maximierung – zu großen Problemen:

(1) An Zentren für Lehrerbildung knüpfen vor allem diejenigen Universitätsangehörigen (Lehrende wie Lernende) *Hoffnungen*, die sich innerhalb und außerhalb der Universität schon immer für die Belange der Lehrerbildung eingesetzt haben. Dies ist in den allergrößten Teilen der Erziehungswissenschaft, bei den Fachdidaktiken sowie bei einer kleineren Zahl von Vertretern der ‚Fächer' der Fall. Die Hoffnung ist, dass die faktische „Aschenputtel"-Situation der Lehrerbildner bzw. der Lehramtsstudierenden durch solche Zentren aufgehoben wird. In den Begründungen für die Einrichtung wie auch bei der Erarbeitung von Satzungen, Organisationsplänen etc. wird mit diesem Interesse darauf hingearbeitet, ein möglichst großes Potential an Geld- und Machtressourcen zu konzentrieren und von hier aus dann die Belange der Lehrerbildung entsprechend nachhaltig durchsetzen zu können. Ab einem bestimmten Punkt geht es dann allerdings nicht mehr nur um die Belange der Lehrerbildung im engeren Sinne, sondern darum, auf der Basis lehrerbildungsbezogener Argumentationen universitäre Strukturen, Traditionen und Selbstverständnisse ändern bzw. ‚entwickeln' zu wollen, etwa wenn es um den allgemeinen Bildungs- und Kulturauftrag von Wissenschaft(en) oder um hochschuldidaktische Fragen geht. Deutliche Abwehrreaktionen sind in aller Regel die Folge. Die wohl nur theoretisch denkbare Maximierung einer solchen Strategie würde zu einer Herauslösung der Lehrerbildung aus dem Fächergefüge der Universität führen und am Ende die Pädagogi-

sche Hochschule innerhalb (oder außerhalb) der Mauern der Universität neu errichten (Radtke/Webers 1998, 213).[12]

(2) Zentren für Lehrerbildung werden von denjenigen als *Entlastung* betrachtet werden, die grundsätzlich daran interessiert sind, dass die Lehrerbildung an der Universität erhalten bleibt, und zwar sowohl aus inhaltlichen Überlegungen zur Qualität der Lehrerarbeit an den Schulen als auch aus strategischen Überlegungen des Erhalts der für die Universitäten damit verbundenen Ressourcen. Aus dieser Perspektive und Interessenlage heraus erscheinen Zentren für Lehrerbildung als eine sinnvolle und praktikable Form, an die man die punktuell immer wieder auftretenden inner- und außeruniversitären Besorgnisse, Mahnrufe und Querelen um das komplexe Thema ‚Lehrerbildung' herum organisatorisch delegieren kann. Es gibt jetzt *eine* zuständige Adresse, an die man sich wendet, wenn es – mal wieder! – um Lehrerbildung geht. Viele Universitätsleitungen sowie vor allem die sehr großen und inneruniversitär einflussreichen Disziplinen, die nicht mit Lehrerbildung befasst sind (Jura, Medizin, Wirtschaftswissenschaften) und deren Vertretern insofern die damit verbundenen inhaltlichen und administrativen Abgründigkeiten eher kulturell fremd und gewissermaßen ‚unverständlich' sind, betrachten solche Zentren dann als eine Art von Entlastung.[13] Ob dort dann wirklich etwas geschieht, ist schon fast sekundär. Sähe man Zentren für Lehrerbildung ausschließlich unter diesem administrativen Beruhigungs- und Ordnungsinteresse, so könnte die Folge sein, dass Zentren zwar eingerichtet werden, ihre Arbeit tun und bei Bedarf sowohl die notwenigen Planungspapiere wie auch die inner- und außeruniversitäre Sichtbarkeit erzeugen, sich an der Situation und Praxis der universitären Lehrerbildung selbst aber substanziell gar nichts ändert.

---

12 In diesem Zusammenhang sei an jahrzehntealte Ideen zum Typus „Erziehungswissenschaftliche Universität" und „Bildungswissenschaftliche Hochschule" erinnert. Der Ruf ‚Zurück zur PH!' verklärt sicherlich auch in Teilen die Vergangenheit; im Übrigen hatten sich die Pädagogischen Hochschulen selbst bereits während der 1960er Jahre bewusst und größtenteils selbst gewollt immer stärker dem universitären Muster angenähert (in NRW: Promotionsrecht 1970; Habilitationsrecht 1971), so dass am Ende die Integration konsequent war. Etwas Ähnliches ist heute übrigens bei den Fachhochschulen zu beobachten.

13 Eine besonders problematische Form von Entlastung würde dann entstehen, wenn Zentren für Lehrerbildung personell und/oder konzeptionell von den am erziehungswissenschaftlichen Studium beteiligten Disziplinen beherrscht würden. Dieses Studienelement hat durchweg nur einen sehr geringen Anteil an einem Lehramtsstudium; 70-90% eines Lehramtsstudiums wird in den beiden Unterrichtsfächern absolviert. In der Optik der anderen Universitätsfächer würden die Zentren dann als Selbstbereicherungsversuch dieses Teils der Universitätskultur betrachtet und entweder verhindert oder ignoriert werden. Insofern ist es m. E. ganz entscheidend, die großen Lehramtsfächer – nicht nur in Gestalt ihrer Fachdidaktiker – in die Arbeit der Zentren einzubinden.

(3) Zentren für Lehrerbildung sind schließlich für diejenigen ein *Ärgernis*, die grundsätzlich die Etablierung von Querstrukturen innerhalb des Fächergefüges der Universität kritisieren – u. a. mit dem Hinweis, dass dadurch Ressourcen von den Fächern wegverlagert werden, die dann der Wissenschaft im eigentlichen Sinne fehlen. Ein Ärgernis ist ein solches Zentrum auch dann, wenn man die Lehramtsstudierenden grundsätzlich nur als geduldete Gäste an der Universität bzw. im eigenen Seminar betrachtet, die froh sein sollten, dass sie überhaupt dabei sein dürfen. Wenn Zentren dann etwa hinsichtlich des Lehrangebots für Lehramtsstudierende nachdrücklich auf durch staatliche Prüfungsordnungen bedingte Notwendigkeiten hinweisen, wird der Gast bzw. sein Fürsprecher zur Last. Auf die Spitze getrieben würde eine solche Sichtweise am Ende zu einer teilweisen oder gänzlichen Ausgliederung von Lehrerbildung aus den Universitäten führen. Davon wäre nicht nur der Ausbaustand der Erziehungswissenschaft, sondern – für die Universität insgesamt folgenreicher – auch derjenige der allermeisten sozial- und geisteswissenschaftlichen Fächer betroffen. Man kann das wollen, muss aber wissen, was man tut.

Angesichts der in den Universitäten in quantitativer wie qualitativer Hinsicht sehr unterschiedlichen Situation der Lehrerbildung wird man bei den Zentren für Lehrerbildung auf immer wieder andere formal-administrative Konstruktionen und – z. T. davon unabhängig – auf immer wieder andere tatsächliche Realitäten treffen. Eine belastbare Aussage über die tatsächlichen Auswirkungen der Einrichtung von Zentren für Lehrerbildung (und also: über den Ertrag der investierten Energien und Ressourcen) ist jedoch so lange nicht möglich, wie es keine verlässlichen, im Idealfall sogar längsschnittlich angelegten Datenreihen über die Wirksamkeit unterschiedlicher Modelle und/oder Standorte bei der Ausbildung von Lehrern gibt. Insofern führt auch dieses spezielle Thema wieder vor die Grundproblematik aller Lehrerbildungsdiskussionen: Man hat Erfahrungen, Vermutungen und Hoffnungen – aber man hat eigentlich keine empirische Basis, von der aus man sagen könnte, dass diese oder jene institutionelle und inhaltliche Form die kompetenteren Lehrer (oder bescheidener: kompetente Absolventen des 1. Staatsexamens für ein Lehramt) zur Folge hat als andere.

4. Instabile Rahmenbedingungen für Lehrerbildung

Unabhängig von der Frage der Struktur und Wirkung der Zentren für Lehrerbildung soll abschließend auf einige für die Lehrerbildung wichtige Rahmenbedingungen und Entwicklungsprozesse hingewiesen werden, bei denen noch nicht absehbar ist, in welcher Weise sie sich mittel- und langfristig auswirken.

(1) Aufgrund der spezifischen Mangelsituation in einzelnen Schulformen (Hauptschulen, Berufsschulen) und Fächern (Naturwissenschaften, Mathematik) sehen sich Schulverwaltungen gezwungen, auf Seiteneinsteiger zurückzugreifen. Nach einem raschen Anstieg ist bundesweit die Gesamtzahl der eingestellten Seiteneinsteiger allerdings wieder zurückgegangen; dies schließt nicht aus, dass in einem Bundesland im Jahre 2002 ca. 40% aller neu eingestellten Lehrer Seiteneinsteiger waren (NRW, Berufskolleg). Dabei ist nun nicht einmal die Frage von Bedeutung, ob sich diese neuen Lehrkräfte bewähren oder nicht (auch hierüber weiß man nichts Verlässliches). Entscheidender ist das strukturelle Problem: Die (durch die Mangelsituation erzwungene) Absenkung der Zugangsschwellen hat letztlich immer eine dequalifizierende Wirkung. Und angesichts zunehmender Finanzprobleme der Länder liegt am Ende der Gedanke nicht fern, dass man die mangelbedingte Sonderlösung zum Standardfall erklärt.

(2) Gegenwärtig steht das Hochschulsystem in Deutschland vor seiner größten Veränderung seit Humboldt. Der Bologna-Prozess (zum aktuellen Stand in den Hochschulen vgl. Schwarz-Hahn/Rehburg 2004) wird vermutlich das Verhältnis von Fachhochschulen und Universitäten neu einrichten, und zwar von der Vertikalität zur Horizontalität. Die Folge wird sein, dass die Struktur, der Inhalt und die Sequenz der Hochschulstudien einen Gestaltwandel erleben werden. Die Protagonisten der allgemeinen Umstellung auf Bachelor/Master-Strukturen „entdecken" dabei auch die Lehrerbildung als eine Möglichkeit, sehr viele und auch entsprechend große Universitätsfächer in diesen Prozess einzubinden, wobei das Motiv der Ausbreitung und Beschleunigung der Umstellung auf Bachelor/Master vermutlich stärker ist als die Sorge um die Qualität der Lehrerbildung selbst. Aber wie dem auch sei: in diesem Kontext strukturiert sich die Lehrerbildung um und gliedert sich – zunehmend mehr Bundesländer gehen diesen Weg – in die Bachelor/Master-Architektur ein. Hierbei muss man die *generellen* Probleme des Bachelor/Master-Systems und seiner Einführung in das deutsche Hochschulsystem von denjenigen Problemen unterscheiden, die mit der Einführung der neuen Studienstruktur *speziell* für die Lehrerbildung verbunden sind.[14] Eine Übersicht über die gegenwärtigen Modelle konsekutiver Lehrerbildung (vgl. Winter 2004) macht deutlich, dass es auch hier kein Standard-Modell gibt. Die entsprechenden

---

14 Dabei ist die Gymnasial- und Berufsschullehrerbildung relativ leicht in die neue Struktur zu integrieren; das eigentliche Problem sind die (bislang und weiterhin aus Besoldungsgründen kürzer sein müssenden) Studiengänge für Grund-, Haupt- und Realschullehrkräfte. Für sie kann man bei einem sechssemestrigen Bachelor und einem zweisemestrigen Master keine Polyvalenz des Bachelors erreichen, da – aufgrund der Kürze des Masters – dieser Bachelor dann bereits sehr stark auf den Lehrerberuf bezogen sein muss. Nicht umsonst bezieht sich die Übersicht von Winter (2004) explizit nur auf Bachelor/Master-Modelle, die zum Gymnasiallehrerberuf (bzw. zu Lehrerberufen der Sekundarstufe II) führen.

Rahmenvorgaben der KMK setzen zwar einige Eckpunkte fest, lassen aber wiederum auch sehr vieles – und gerade Entscheidendes – offen (z.B.: Übergangsregelungen zwischen Bachelor- und Master-Stufe, Zulassungsvoraussetzungen und -modalitäten für die verschiedenen Typen von Master-Studiengängen, Anerkennungsregelungen zwischen lehramtsbezogenen Masterabschlüssen und Staatsexamen, Rolle der staatlichen Prüfungsämter hierbei). Auf diese Weise verbirgt sich hinter manchen konsekutiven Lehramtsmodellen die Weiterführung des Bisherigen unter neuem Namen.[15] In diesen Fällen hat sich der ganze Aufwand nicht gelohnt und man hätte stattdessen besser die grundständige Lehrerbildung gezielt reformiert. Was die Modularisierung von Lehrangeboten, der Aufbau eines Systems von Leistungspunkten und die Einführung von studienbegleitenden Prüfungselementen für die sehr großen Studiengänge an den sehr großen Standorten wirklich und praktisch bedeutet, wird immerhin in ersten Konturen deutlich: eine Explosion der Lehrnachfrage, eine striktere Zuordnung von Lehrveranstaltungsangeboten zu Modulen und eine deutliche Erhöhung des Korrektur- und Verwaltungsaufwandes bei studienbegleitenden Prüfungen.

(3) Sowohl die Empfehlungen der KMK-Kommission Lehrerbildung wie auch die Empfehlungen der OECD-Expertengruppe (2004) weisen in einer Hinsicht in die gleiche Richtung: Innerhalb des Gesamtprozesses der Lehrerbildung – und das bedeutet immer Erstausbildung und Weiterbildung bzw. Weiterlernen im Beruf – wird es eine Verlagerung von Ressourcen zulasten der Erstausbildung und zugunsten von Weiterbildung geben. In Verbindung mit der Einführung der Bachelor/Master-Struktur führt diese Ressourcenumsteuerung vor die Frage nach dem zukünftigen Verhältnis von universitärer Masterstufe und der in allen Modellen auch weiterhin vorhandenen 2. Phase der Lehrerbildung (Vorbereitungsdienst, Referendariat). Ist deren Separierung dann noch aufrechtzuerhalten? Wie weit können und sollen die zweite Stufe der konsekutiven Lehrerbildung (der Lehrer-Master) und das Referendariat zeitlich, institutionell und personell ineinander geschoben werden? Solche Fragen werden wohl nicht speziell und nur für die Lehrerbildung bzw. den Lehrerberuf, sondern wiederum nur im größeren Rahmen einer durch den Bologna-Prozess ausgelösten grundsätzlichen Neuordnung des Verhältnisses von Studienabschlüssen und Zugangswegen zu Berufslaufbahnen im öffentlichen Dienst entschieden werden. Man weiß gar nicht, ob man sich darüber nun freuen soll oder nicht.

---

15 Die Schein-Anpassung an verordnete neue Strukturen ist eine der beliebtesten Reaktionen von Organisationen auf Innovationsdruck. Für das Hochschulsystem und seinen Umgang mit dem Umbauzwang in Richtung Bachelor/Master-Strukturen hat Krücken (2004) dies schön beschrieben.

Was bedeutet das alles? Trotz oder gerade aufgrund der Tatsache, dass sich derzeit sehr viele sehr unterschiedliche und z. T. recht weit gehende Hoffnungen auf die Gründung von Zentren für Lehrerbildung richten, soll abschließend für eine *realistische Sichtweise* plädiert werden: Die Zentren werden die Universität nicht in Richtung auf die ewig gleichen und ewig unerfüllten Ansprüche und Träume ‚der Lehrerbildner' revolutionieren können. Manche Selbstdarstellungen und Gründungspapiere vermitteln insofern auch nur Hoffnungen und eine glänzende Außenseite. Im Alltag des universitären Betriebs bleiben viele der traditionellen Strukturprobleme und Reibeflächen bestehen. Eben deshalb gilt es, die Zentren für Lehrerbildung an den Universitäten klug zu nutzen. Die Vertreter der Lehrerbildung sollten also weiterhin auf Nüchternheit, Pragmatismus, Geschicklichkeit und Glück setzen.

Literatur

Blömeke, S. (Hrsg.) (1998): Reform der Lehrerbildung? Zentren für Lehrerbildung: Bestandsaufnahme, Konzepte, Beispiele. Bad Heilbrunn: Klinkhardt.

Blömeke, S. (2000a): Zentren für Lehrerbildung. Elemente universitärer Organisationsentwicklung. In: Das Hochschulwesen 48, 124-130.

Blömeke, S. (2000b): Zentren für Lehrerbildung. Entstehungszusammenhang, Modelle und Analysen der Leistungsfähigkeit. In: M. Bayer et al. (Hrsg.): Lehrerin und Lehrer werden ohne Kompetenz? Professionalisierung durch eine andere Lehrerbildung. Bad Heilbrunn: Klinkhardt, 251-275.

Blömeke, S. (2002): Zentren für Lehrerbildung und ihr Beitrag zur Integration der Lehrerausbildungsphasen. In: R. Hinz, H. Kiper, W. Mischke (Hrsg.): Welche Zukunft hat die Lehrerausbildung in Niedersachsen? Hohengehren: Schneider, 254-265.

Blömeke, S. (2003): Universität und Lehrerausbildung. Bad Heilbrunn: Klinkhardt.

DGfE-Vorstand (März 1999): Stellungnahme zum Fragenkatalog der Gemischten Kommission Lehrerbildung der KMK.

Herrmann, U. (2001): Universitäre Gymnasiallehrerausbildung: Die lange Geschichte einer Selbstillusionierung und ein Plädoyer für eine Berufsfakultät. In: Pädagogische Rundschau, 55, 565-548.

Jäger, G./Schönert, J. (Hrsg.) (1997): Wissenschaft und Berufspraxis. Angewandtes Wissen und praxisorientierte Studiengänge in den Sprach-, Literatur-, Kultur- und Medienwissenschaften. Paderborn: Schöningh, 175-191.

Judge, H. et al. (1994): The University and the Teachers. France, the United States, England. Wallingford: Triangle Books.

Krücken, G. (2004): Hochschulen im Wettbewerb – eine organisationstheoretische Perspektive. In: W. Böttcher, E. Terhart (Hrsg.): Organisationstheorie in pädagogischen Feldern. Analyse und Gestaltung. Wiesbaden: VS Verlag für Sozialwissenschaften, 286-301.

Lersch, R./Stierle, Chr. (2003): Lehrerbildung in Marburg. Empirische Untersuchungen zur aktuellen Ausbildungssituation an Universität und Studienseminar. Universität Marburg, Institut für Schulpädagogik.

Messmer, R. (1999): Orte und Nicht-Orte der Lehrerbildung: Frankfurt: Lang.

Merzyn, G. (2002): Stimmen zur Lehrerausbildung. Ein Überblick über die Diskussion. Hohengehren: Schneider.

OECD (2004): Anwerbung, berufliche Entwicklung und Verbleib von qualifizierten Lehrerinnen und Lehrern. Länderbericht: Deutschland.

Prondczynsky, A. von (1998): Universität und Lehrerbildung. In: Zeitschrift für Pädagogik, 44, 61-82.

Radtke, F.-O. (Hrsg.) (1999): Lehrerbildung an der Universität. Zur Wissensbasis pädagogischer Professionalität. (Frankfurter Beiträge zur Erziehungswissenschaft, Reihe Kolloquien Nr. 2). Frankfurt.

Radtke, F.-O./Webers, H.E. (1998): Schulpraktische Studien und Zentren für Lehramtsausbildung. Eine Lösung sucht ihr Problem. In: Die deutsche Schule 90, 199-216.

Rinkens, H.-D./Tulodziecki, G./Blömeke, S. (Hrsg.) (1999): Zentren für Lehrerbildung. Fünf Jahre Unterstützung und Weiterentwicklung der Lehrerausbildung. Ergebnisse des Modellversuchs PLAZ. Münster: LIT-Verlag.

Rotermund, M. (1998): Ist die Lehrerbildung ohne Schulpraktische Studien effektiver? Eine Entgegnung zu der These, dass Schulpraktische Studien und Zentren für Lehrerbildung ihr Problem suchen. In: Die deutsche Schule, 90, 422-426.

Roth, R.A. (Ed.) (1999): The Role of the University in the Preparation of Teachers. London: Falmer.

Schwarz-Hahn, St./Rehburg, M. (2004): Bachelor und Master in Deutschland. Empirische Befunde zur Studienstrukturreform. Münster: Waxmann.

Tenorth, H.-E. (1997): Pädagogik als Wissenschaft und Praxis. Über pädagogische Ausbildung und pädagogische Kompetenz. In: G. Jäger, J. Schönert (Hrsg.): Wissenschaft und Berufspraxis. Angewandtes Wissen und praxisorientierte Studiengänge in den Sprach-, Literatur-, Kultur- und Medienwissenschaften. Paderborn: Schöningh, 175-191.

Tenorth, H.-E. (2004): Reform der Lehrerbildung als Element der universitären Studienreform. In: A. Grimm (Hrsg.): Die Zukunft der Lehrerbildung. Loccumer Protokolle 11/03. Rehburg-Loccum, 51-61.

Terhart, E. (Hrsg.) (2000): Perspektiven der Lehrerbildung. Abschlussbericht der von der Kultusministerkonferenz eingesetzten Kommission. Weinheim: Beltz.

Winter, M. (2004): Ausbildung zum Lehrberuf. Zur Diskussion über bestehende und neue Konzepte der Lehrerausbildung für Gymnasium bzw. Sekundarstufe II. (HoF-Arbeitsberichte 3'04). Wittenberg: Institut für Hochschulforschung an der Martin-Luther-Universität Halle-Wittenberg.

Weiler, H. (2003): Professional Schools. Ein Bündnis von Anwendungsbezug und Wissenschaftlichkeit. Manuskript.

Das Zentrum für Lehrerbildung der Universität Kassel – Netzwerk für Qualitätssicherung und Innovation

Wolfgang Gabler, Bernd Wollring

1. Konzeptioneller Rahmen

Das Zentrum für Lehrerbildung (ZLB) der Universität Kassel wurde im Jahr 2000 gegründet, ist also eine junge Institution. Der Einrichtungsprozess ist eingebettet in die umfassende Reformkonzeption der Kasseler Lehrerbildung und zielt auf ein Reformmodell, das als Netzwerk für Qualitätssicherung und Innovation praxisbezogene wissenschaftliche Lehrerbildung im Phasenverbund ständig weiterentwickelt.

Als eine Neugründung der 1970er Jahre konnte die Kasseler Universität ein *reformorientiertes Konzept* für die Lehrerausbildung entwickeln und etablieren. Dieses Modell ist gekennzeichnet durch die Ziele:

- Integration von fachlicher, didaktischer und personaler Bildung,
- Praxisorientierung sowie
- Verbindung von Lehre, Forschung und der Beteiligung an Schulentwicklung.

Allgemein prägen folgende Strukturmerkmale die Lehrerausbildung an der Universität Kassel:

- Für alle Lehramtsstudiengänge gibt es neben dem Studium in den Fächern ein interdisziplinäres erziehungs- und gesellschaftswissenschaftliches Kernstudium, das stufen- und schulformbezogen absolviert wird und je nach Lehramt 20 bis 33% des Lehrprogramms umfasst. Damit wurde das traditionell getrennte Studium in den so genannten Grundwissenschaften zugunsten eines integrierten und praxisorientierten Konzepts weiterentwickelt.
- Die „Schulpraktischen Studien" werden durch Lehrveranstaltungen vor- und nachbereitet, sind durch Lehrende der Universität betreut und sind zeitlich gestuft in ein erziehungswissenschaftlich orientiertes Blockpraktikum sowie semesterbegleitende fachdidaktische Praktika in zwei Fächern. Die

Betreuung der Schulpraktischen Studien wird durch insgesamt 16,5 Stellen für Pädagogische Mitarbeiter und Mitarbeiterinnen unterstützt.

- Fachdidaktik ist für alle Fächer verpflichtender Studien- und Prüfungsbestandteil. In nahezu allen Fächern sind fachdidaktische Professuren eingerichtet, in den besonders häufig gewählten Fächern Deutsch und Mathematik mehrere mit Stufenbezug.

- Die erziehungswissenschaftlichen und fachdidaktischen Fachgebiete sind nahezu durchgängig mit Stellen für den wissenschaftlichen Nachwuchs ausgestattet, so dass auch in diesen Bereichen anspruchsvolle Forschung möglich ist und gleichzeitig neueste Forschungsergebnisse in die Lehre einfließen können.

- Studierende und der wissenschaftliche Nachwuchs werden in breitem Umfang an schul- und unterrichtsbezogener Forschung und Entwicklung beteiligt.

Dieses Reformmodell hat sich in den vergangenen 20 Jahren kontinuierlich entwickelt. Studienseminare und Schulen begrüßten immer wieder die praxisnahe Qualifikation der Kasseler Absolventinnen und Absolventen. Die studentische Nachfrage in den Lehramtsstudiengängen ist konstant gut und sorgt mit dafür, dass die Lehrerbildung einen Schwerpunkt der Universität darstellt.

Im Wintersemester 2003/04 waren an der Universität 4.320 Studierende für ein Lehramt eingeschrieben. Das entsprach 22% der Studierenden der Universität insgesamt. Davon entfielen:

- auf das Lehramt an Grundschulen (L1) 1.150,
- auf das Lehramt für Hauptschulen- und Realschulen (L2) 700,
- auf das Lehramt an Gymnasien (L3) 1.300,
- auf das Lehramt für berufliche Schulen (L4) 1.170.

Die angesichts der vorhandenen Lehrkapazitäten außerordentlich hohe Nachfrage hat die Universität veranlasst, für Lehramtsstudiengänge sukzessiv einen *Numerus Clausus* einzuführen. Dies geschieht einerseits, um angemessene Lehr- und Studienbedingungen zu gewährleisten, andererseits aber auch, um durch eine positive Selektion bei den Studienanfängern und Studienanfängerinnen zur Qualitätsverbesserung in den Lehramtsstudiengängen beizutragen. Für das Wintersemester 2004/05 werden Zulassungsbeschränkungen für das Lehramt an Grundschulen insgesamt sowie für einzelne Fächer des Lehramts an Gymnasien eingeführt.

Die strategische Bedeutung der Lehrerbildung als Profilelement der Universität erstreckt sich auch auf die *Forschung*. Dabei zeigt u. a. die in den vergangenen zehn Jahren sukzessiv realisierte Ausweitung der Stellenausstattung für den wissenschaftlichen Mittelbau in den erziehungswissenschaftlichen und fachdidaktischen Fachgebieten erkennbare Erfolge: Ein DFG-Graduiertenkolleg sowie eine Reihe weiterer drittmittelgeförderter Forschungsvorhaben belegen, dass in diesem Sektor neben seiner Bedeutung für das Lehrangebot auch ein Forschungsschwerpunkt der Universität im Entstehen ist. Einen besonderen Akzent setzt hierbei die Kasseler Forschungsgruppe „Empirische Bildungsforschung", in der ca. 15 Wissenschaftler und Wissenschaftlerinnen aus Erziehungswissenschaft, Fachdidaktiken und Psychologie ein gemeinsames interdisziplinäres Forschungsprogramm verfolgen, das vor dem Hintergrund moderner Vergleichsstudien wie PISA und IGLU Modelle von kognitiv anspruchsvollem, selbstständigkeitsorientiertem Fachunterricht untersucht. Es ist zu hoffen und zu erwarten, dass dieser breit angelegte Forschungsverbund in Zukunft neben seinem wissenschaftlichen Erkenntnisgewinn und verbesserten Bedingungen für die Förderung des wissenschaftlichen Nachwuchses auch die curriculare Abstimmung für die Lehramtsstudiengänge zwischen den beteiligten Wissenschaften erheblich intensivieren wird.

Auch die Beteiligung an *Schulentwicklung* bildet ein wesentliches Reformelement. So basiert etwa die Kasseler Reformschule auf einem in der Universität, maßgeblich von Hans Rauschenberger, entwickelten Konzept. Die wissenschaftliche Begleitung und Evaluation der vier hessischen Versuchsschulen (Helene-Lange-Schule Wiesbaden, Steinbergschule Neukirchen, Offene Schule Kassel-Waldau und Reformschule Kassel) wurde von Rudolf Messner koordiniert. Frauke Stübig erarbeitete in einem Projekt des ZLB eine Landkarte von Schulentwicklungsprojekten in Nordhessen, die als CD- und Internet-Version der Kooperation zwischen den Schulen dient und zugleich für Ausbildungszwecke der ersten und zweiten Phase zur Verfügung steht. In einer Reihe weiterer Einzelvorhaben, u. a. Dissertationen und Staatsexamensarbeiten, wird Schulentwicklung wissenschaftlich begleitet und ausgewertet und damit sowohl praktisch unterstützt als auch in das Studium integriert.

2. Zielsetzung und Institutionalisierung des ZLB

Umfangreiche Reformdiskussionen Ende der 1990er Jahre führten zur Gründung des Zentrums für Lehrerbildung. Vorausgegangen waren als externe Impulse insbesondere

- ein Vorschlag der Landeskommission zur Neuordnung der Lehrerbildung in Hessen (1997), der konkrete Strukturen für ein derartiges Zentrum vorsah, und
- ein Vorstoß des HKM zur Etablierung eines Praxissemesters 1998, der in Kassel eine intensive und konstruktive Beratung zwischen Universität,

Studienseminaren und einzelnen Schulen auslöste, jedoch ein Jahr später
vom Ministerium wieder zurückgenommen wurde.

Es gab auch schon Vorbilder, vor allem in Nordrhein-Westfalen: Hier hatten die
beiden zuständigen Landesministerien gemeinsam ein Modellprogramm zur
Etablierung von Zentren für Lehrerbildung an den Universitäten aufgelegt, und
seitens der Universität Paderborn erhielten die Kasseler Initiatoren in der Gründungsphase wertvolle Ratschläge.

Universitätsintern förderte die Konstatierung folgender Defizitbereiche die
Entwicklung:

- Trotz verschiedener fachbereichsübergreifender Organisationsstrukturen
  erwies sich die Lehrerbildung der Kasseler Universität in vieler Hinsicht
  als koordinationsbedürftig. Das Bewusstsein, in diesem System zu lehren
  und zu studieren, war bei manchen Akteuren gering ausgeprägt und drohte,
  gerade im ersten Generationswechsel der jungen Universität, weiter zu
  schwinden. Die Studierenden sind die Desintegration der einzelnen Fächer
  bereits aus der Schule gewohnt und erleben sie weithin erneut an der Universität. Auf der anderen Seite stiften die eigenen Fach- und Fachgebiets-
  bezüge für die lehrenden Wissenschaftler und Wissenschaftlerinnen leicht
  einen stärkeren Identifikationsbezug als die übergreifenden Ziele und Konzepte der Lehrerbildung. Auch insofern war ein neuer Bezugsrahmen für
  fachübergreifende Ziele und Themen, für den Austausch über best practice,
  für Projekte, Kommunikation und Kooperation erforderlich.
- Kommunikation mit Institutionen der zweiten und dritten Phase sowie der
  Schuladministration wurde nur wenig zur Qualitätssicherung und -ent-
  wicklung der ersten Phase der Lehrerbildung genutzt. Dies setzt allerdings
  seitens der Universität nicht nur Aufgeschlossenheit, sondern auch Bereitschaft zur praktischen Zusammenarbeit in der konkreten Umsetzung von
  Innovationen voraus.

Darüber hinaus wurde immer deutlicher, dass die Universität Innovationen im
Schulwesen nicht nur über den Generationswechsel der Lehrerinnen und Lehrer
erzeugen sollte. Auch Schulpraktika, Forschungs- und Entwicklungsprojekte,
einzelne Weiterbildungs-Workshops, Veranstaltungen und Kurse sowie komple-
xere Fortbildungsinitiativen sind geeignet, insbesondere für das regionale
Schulwesen direkt innovativ zu wirken. Dies erfordert allerdings – so belegten
die langjährigen Erfahrungen – nicht nur guten Willen und gute Ideen, sondern
vor allem auch eine Organisation, die durch geeignete Kommunikationsstrukturen die traditionellen Vorbehalte und Vorurteile der unterschiedlichen Institutionen abbaut und durch ziel- und themenorientierte Kooperation ersetzt.

Vor diesem Hintergrund wurde das Zentrum im Sommer 2000 gegründet, wobei folgende Ziele bei der Etablierung der neuen Einrichtung im Vordergrund standen:

- Die Etablierung einer Netzwerkstruktur für Lehrerbildung innerhalb der Universität sowie zwischen Universität und relevanten regionalen Institutionen (Schulen, Studienseminare, Lehrerfortbildung, wissenschaftliches Prüfungsamt, Schuladministration, Kultus- und Wissenschaftsministerium),
- Qualitätssicherung und Innovation durch Arbeits- und Projektgruppen, in denen sowohl Universitätsmitglieder als auch Vertreter und Vertreterinnen der genannten regionalen Institutionen zusammenarbeiten,
- Stärkung der fachbereichsübergreifenden Studienberatung für Lehramtsstudierende,
- Entwicklung einer Organisationsstruktur mit eng begrenzten formellen Entscheidungsbefugnissen sowie einer kleinen, handlungsfähigen Infrastruktur, wobei die inhaltliche Verantwortung für Forschung und Lehre bei den Fachbereichen verbleiben sollte.

Begünstigt wurde die Entwicklung in Kassel auch durch ein von der Volkswagen-Stiftung gefördertes Projekt zur Organisationsentwicklung, das sowohl bei der konzeptionellen Vorbereitung als auch in der Anlaufphase finanzielle Unterstützung sicherte. Die zunächst vorläufige Organisation des ZLB wurde im Jahr 2002 durch eine formelle Satzung der Universität gesichert. Sie beschreibt in allgemeiner Form Aufgaben und Organisation des Zentrums, wobei die Organisation gekennzeichnet ist durch einen Zentrumsrat mit 19 Mitgliedern aus der Universität, einen Kooperationsrat, der phasenübergreifend besetzt ist und auch Schulen und Schuladministration einbezieht, einen Zentrumsvorstand mit sechs Mitgliedern, eine(n) Vorsitzende(n) sowie eine Geschäftsstelle. Zu den Steuerungsaufgaben des Zentrumsrats gehört es u. a., Rahmendaten für die Lehramtsstudienordnungen der Fachbereiche festzulegen und ihre Einhaltung zu überwachen. Die Hauptaktivitäten des Zentrums finden in ständigen Arbeitsgruppen und Referaten sowie Projektgruppen statt.

An eigenen Ressourcen ist das ZLB von der Universität ausgestattet mit

- einer A13-Stelle, einer 0,5 BAT VII-Stelle sowie 9 Tsd. € p.a. für das Referat „Schulpraktische Studien",
- einer 0,5 BAT VII-Stelle für das Referat „Kernstudium",
- einer BAT Vc-Stelle für die Geschäftsstelle,
- 15 Tsd. € p.a. zur finanziellen Unterstützung von Projekten.

Außerdem wird das ZLB im Jahr 2004 vom Land Hessen mit Mitteln des Hochschul- und Wissenschaftsprogramms in Höhe von 40 Tsd. € gefördert. Diese sollen schwerpunktmäßig zur Finanzierung der fachübergreifenden Studienberatung (eine wiss. Hilfskraftstelle und Sachmittel) sowie eines Projekts Qualifizierung von Lehrbeauftragten für Schulpraktische Studien eingesetzt werden.

Damit ist ein *Rahmenkonzept* entstanden, das schrittweise und praxisnah Entwicklungsprozesse unterstützen kann, aber auch immer offen ist für neue Impulse der beteiligten Personen aus der Praxis, aus Lehre und Studium, aus Forschung und Entwicklung (siehe Abb. 1).

3. Stärkung von Praxisbezug und Phasenverbund durch das ZLB

Wie bereits erwähnt, ist der differenzierte und gestufte Praxisbezug ein wesentlicher Bestandteil des Kasseler Konzepts der Lehrerausbildung. Mit der Einrichtung des ZLB ist das Ziel verbunden, dieses Merkmal unter Einbeziehung der zweiten und dritten Phase in neuen Strukturen weiter zu entwickeln. Damit entspricht die Ausrichtung wesentlichen Zielen und Empfehlungen der hessischen Expertengruppe Lehrerbildung von 2003.

Das an der Kasseler Universität etablierte *Erziehungs- und gesellschaftswissenschaftliche Kernstudium* integriert in einem gemeinsamen Studienprogramm Anteile von Erziehungswissenschaft, Psychologie, Philosophie, Soziologie, Politikwissenschaft und Geschichte. Für Erlass und Änderung der entsprechenden Studienordnung ist der Zentrumsrat des ZLB verantwortlich. Das ZLB-Referat für das Erziehungs- und gesellschaftswissenschaftliche Kernstudium sorgt im Rahmen der Studienordnung für Planung, Organisation und Evaluation des Lehrangebots, insbesondere für Umfang und Profil des von den beteiligten Fächern zu erbringenden Lehrangebots. Für die Durchführung des Lehrangebots bleiben jedoch die Fachbereiche zuständig. Das Kernstudium stellt im universitären Alltag eine dauerhaft komplexe und anspruchsvolle Aufgabe dar. Aktuell wird versucht, das Lehrangebot in Module zu gliedern, die sowohl für die Lehrenden als auch für die Studierenden verbindlichen und orientierenden Charakter haben. Die Beratungen im Zentrumsrat und im Kooperationsrat sichern dabei die Rückkoppelung mit den Fachdidaktiken, mit Vertretern der nachfolgenden Phasen der Lehrerbildung sowie mit weiteren interessierten Praktikern außerhalb der Universität, last not least auch mit der Schulverwaltung, dem Amt für Lehrerausbildung sowie den beiden für die Lehrerbildung verantwortlichen Ministerien, deren Vertreter gelegentlich als Gäste an Sitzungen teilnehmen.

Für Organisation, Durchführung, Begleitung, Evaluation und konzeptionelle Weiterentwicklung der *schulpraktischen Studien* ist im ZLB das Referat „Schulpraktische Studien" verantwortlich.

Abbildung 1: Das Zentrum für Lehrerbildung der Universität Kassel

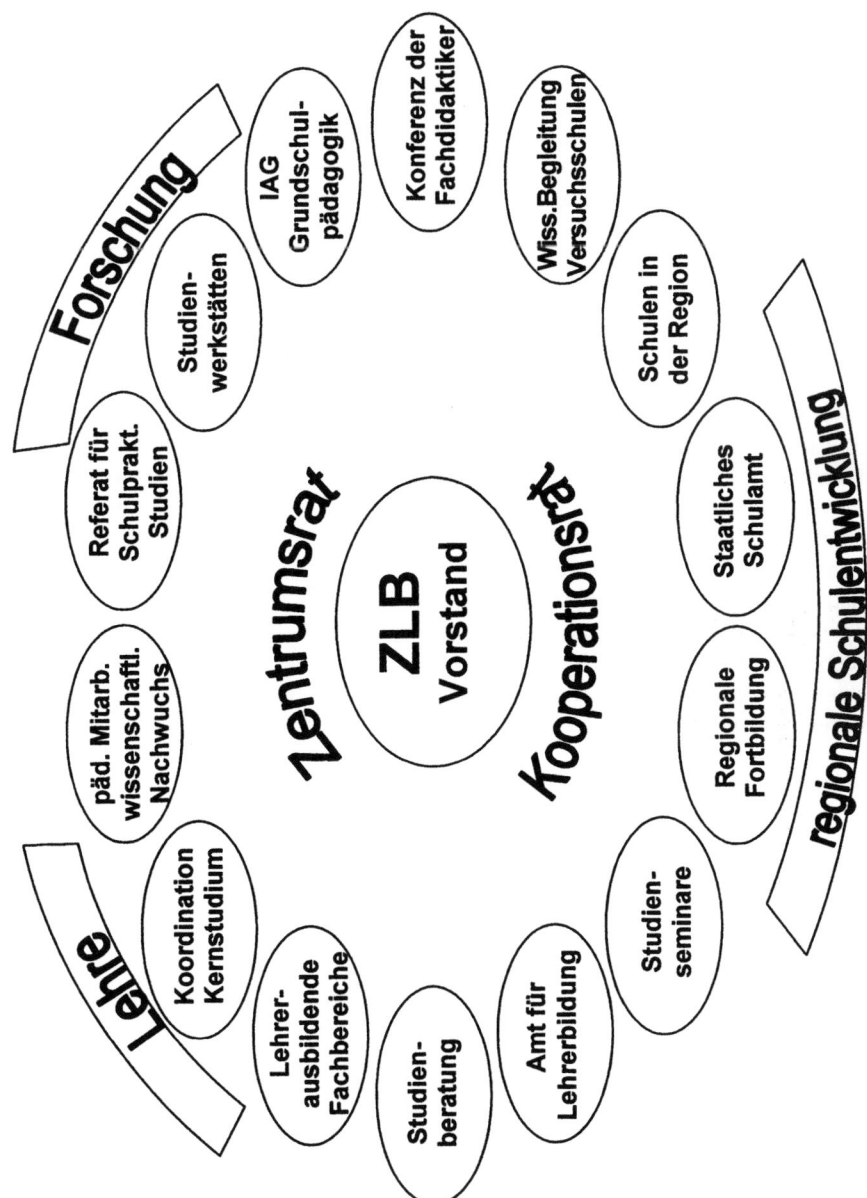

Damit sind fachübergreifende Standards für dieses Studienelement im Sinne der Qualitätssicherung gewährleistet und es kann rasch auf Engpässe quantitativer Art, z.B. stark gestiegene Studierendenzahlen in bestimmten Fächern oder Stufen, reagiert werden. So erprobt das Referat „Schulpraktische Studien" gegenwärtig angesichts der außerordentlich hohen Jahrgangsbreiten in den Lehramtsstudiengängen ein neues Konzept zur Schulung und fachlichen Begleitung von Lehrbeauftragten, die ergänzend zum hauptamtlichen wissenschaftlichen Personal zur Vor- und Nachbereitung sowie zur Betreuung von schulpraktischen Studien der Studierenden eingesetzt werden. Dieses breite Aufgabenspektrum impliziert einen kontinuierlichen Kontakt zu den Praktikumsschulen einschließlich der Praktikumsbetreuer und der Mentoren an den Schulen. Ein Kommunikationsforum bietet der jährlich stattfindende Mentorentag, an dem Praktikumsbetreuer und Mentoren aus den Schulen mit Lehrenden aus der Universität zusammentreffen.

Eine Besonderheit der Kasseler Lehrerausbildung sind die insgesamt zwölf *Studienwerkstätten* der Lehramtsausbildung: Grundschulwerkstatt, Studienwerkstatt Englisch, Studienwerkstatt Deutsch, Studienwerkstatt Deutsch als Fremdsprache, Studienwerkstatt Französisch, Berufschulwerkstatt, Arbeitsstelle Gymnasiale Oberstufe, Sekundarschulwerkstatt, Studienwerkstatt Mathematik, Mathematikdidaktisches Labor, Studienwerkstatt Physik und Technikwerkstatt. Hierbei handelt es sich jeweils um Sammlungen von fachlichen und fachdidaktischen Materialien und Medien, die zur wissenschaftlichen Analyse und Auswertung sowie zur Entwicklung von Unterricht genutzt werden. Die Werkstätten stehen sowohl den Studierenden als auch Referendarinnen und Referendaren sowie Lehrerinnen und Lehrern der Region zur Verfügung und werden z. T. überregional genutzt. Die Verantwortlichen bilden eine Arbeitsgruppe des ZLB und bieten gemeinsam jährlich einen Fortbildungsworkshop für Referendarinnen und Referendare sowie Lehrerinnen und Lehrer an.

Neben diesen Einrichtungen dient die Beratungsstelle *Studienberatung Lehramt* der besonderen Betreuung von Studierenden der Lehramtsstudiengänge. Sie bietet individuelle Beratung, einen ständig aktualisierten Studienführer für die Lehramtsstudiengänge sowie weitere Informationsmaterialien und -veranstaltungen an und hat darüber hinaus ein eigenes Programm für fachübergreifende (Schlüssel-)Qualifikationen entwickelt.

Eine Reihe von Wissenschaftlerinnen und Wissenschaftlern, insbesondere aus der Erziehungswissenschaft sowie aus den Fachdidaktiken, sind an einzelnen Veranstaltungen der *Lehrerfortbildung* regelmäßig beteiligt. Dies stärkt zugleich ständig den Praxisbezug ihrer Lehr- und Forschungsaktivitäten. Einige der Studienwerkstätten entwickeln im Rahmen eines BLK-Modellversuchs aller fünf hessischer Universitäten Module zur Lehrerfortbildung für Mathematik, Naturwissenschaften und Sachunterricht. Sie können dabei ebenso auf den Kooperationsbezügen der Studienwerkstätten aufbauen wie auf den Erfahrungen des von Werner Blum und Lutz Stäudel geleiteten SINUS-Projekts.

Einen besonderen Aktivposten des ZLB für Praxisorientierung und Fortbildung bilden die verschiedenen *Projektgruppen*. Sie sind grundsätzlich institutions- und phasenübergreifend angelegt und bearbeiten gemeinsam definierte Frage- und Problemstellungen. Im Juni jedes Jahres veranstaltet das ZLB eine Jahrestagung, auf der Ergebnisse einzelner Projektgruppen vorgestellt und diskutiert sowie Vorschläge für neue Projekte entwickelt werden.

4. Beispiele der Förderung struktureller und inhaltlicher Reformen durch das ZLB

Die *Arbeitsweise* des ZLB der Universität Kassel ist geprägt durch ein induktives, projektorientiertes Vorgehen. Vernetzte Kommunikationsstrukturen sind darauf angelegt, differenzierte Problembeschreibungen mit Lösungsansätzen in Projekten zu verbinden, aus diesen vereinzelt neue Strukturen zu entwickeln und damit Qualitätssicherung und Innovation effektiv anzugehen. Dies erfordert eine ständige Rückkoppelung mit den verschiedenen beteiligten Institutionen, und gerade auf diesen Prozess ist die Organisation des ZLB mit seinen weit vernetzten Beteiligungsstrukturen angelegt.

Im Folgenden sollen beispielhaft einige Innovationsthemen erläutert werden, die für die nähere Zukunft die Arbeit des ZLB mit prägen werden.

4.1 Einführung von Modularisierung, Credits und neuen Prüfungsformen für die Lehrerausbildung

Nach sorgfältiger Vorbereitung in einer Projektgruppe des ZLB sowie nach Rückkoppelung mit den an der Lehrerausbildung beteiligten Fachbereichen der Universität hat das ZLB Anfang November 2003 Empfehlungen und Rahmenvorgaben für die Einführung von Modularisierung und Credits beschlossen. Damit sind allgemeine Rahmenbedingungen geschaffen, die zur konkreten curricularen Neustrukturierung der Studiengänge für die einzelnen Fächer in den Fachbereichen führen sollen. Angestrebt wird hierbei keine schematische Umsetzung bisheriger Lehrveranstaltungsstunden (SWS) in Credits, sondern eine offensive Wahrnehmung der Chance,

- Modularisierung zur reflektierten Innovation für das Lehrangebot zu nutzen und dabei

- die konkrete Berücksichtigung des Arbeitsaufwands der Studierenden über die Vergabe von Credits als qualitätsverbesserndes Element in das Curriculum mit einzubeziehen. Ein wichtiger Bereich dieses Innovationsvorhabens wird die Erprobung neuer Prüfungsformen sein, insbesondere Portfolio.

In diesem Kontext wird auch die aktuelle Diskussion in Hessen über die Vorbereitung eines neuen Lehrerausbildungsgesetzes und einer auf Module und Credits (mit studienbegleitenden Prüfungen) ausgerichteten Staatsprüfungsverordnung einen intensiven und arbeitsaufwendigen Prozess mit sich bringen, um zu sichern, dass die landeseinheitlichen Regelungen weiterhin das Kasseler Reformmodell unterstützen.

4.2 Neue Formen von Schulpraktischen Studien

Die *Schulpraktischen Studien* sind wie bereits beschrieben ein erprobtes und flächendeckend implementiertes Reformelement der Lehrerausbildung an der Universität Kassel. Hier wurde in den letzten Jahren eine Reihe von Innovationen erarbeitet, die weiterentwickelt werden sollen. Einige Beispiele:

- Im Intensivpraktikum wird die erste und zweite Praktikumsphase zu einem ganzjährigen studienbegleitenden Praktikum verbunden, in dem Aspekte des erziehungs- und gesellschaftswissenschaftlichen Kernstudiums mit fachwissenschaftlichen und fachdidaktischen Aspekten integriert werden.
- Bei der Einzelbetreuung von Schülerinnen und Schülern werden einzelne zumeist als „schwierig" geltende Kinder oder Jugendliche von einem Studenten bzw. einer Studentin für ca. ein Jahr betreut. Besuche zu Hause, Gespräche mit Lehrerinnen und Lehrern gehören hier ebenso zum Programm wie Hausaufgabenbetreuung und gelegentliche gemeinsame Freizeitaktivitäten sowie Supervision seitens der Universität.
- Die videogestützte Auswertung von studentischer Unterrichtspraxis wird von Studierenden in weitgehend selbstorganisierten Projekten realisiert. Hierbei können die Studierenden nicht nur selbst mit umfangreichem Dokumentationsmaterial in die Auswertung einbezogen werden. Der im Laufe vieler Semester angesammelte Schatz von Aufzeichnungen hilft auch anderen bei der Vorbereitung im Rahmen des Praktikums.
- Zunächst im Fach Mathematik für die Grundschule wird eine produktorientierte Entwicklung, Erprobung und Auswertung von Materialien für Unterrichtseinheiten eingeführt. Dieses Modell soll einerseits eine neue Form der Verknüpfung von forschungsbezogenem Studieren mit den „Schulprakti-

schen Studien" ermöglichen, andererseits aber zugleich der Vorbereitung von geeigneten Einheiten für die Lehrerfortbildung dienen.

4.3 Online-Fallarchiv Schulpädagogik

Im Oktober 2003 wurde an der Universität Kassel mit dem Aufbau eines alle Schulformen und alle Schulfächer einbeziehenden und interdisziplinären „Online-Fallarchiv(s) Schulpädagogik" begonnen. Es richtet sich an Lehrende und Lernende in der Lehrerausbildung, Schulforscherinnen und -forscher sowie an interessierte Lehrerinnen und Lehrer.

Im „Online-Fallarchiv Schulpädagogik" werden Fälle, Fallanalysen und Handlungsmöglichkeiten aus dem Bereich der Schulpädagogik dokumentiert. Bei einem *Fall* handelt es sich um die auf Schule bezogene Bildungsgeschichte einer Person oder um einen Ausschnitt (z.B. ein Problem oder eine Situation) aus einer Erziehungsgeschichte. Eine *Fallstudie* im Kontext von Schule und Unterricht analysiert pädagogische Alltagsszenen, die Lernbiographie einer Person oder die Entwicklung einer Gruppe, eine Lehr-/Lernsituation oder ein Lehr-/Lern-Arrangement, eine Unterrichtseinheit oder Unterrichtssequenz, den Entwicklungsprozess einer Schule oder Reformprogramme, wobei die Analyse des Einzelfalls mit allgemeinen Wissensbeständen in Beziehung gesetzt wird.

Fallstudien werden in Geschichte und Gegenwart sowohl von Wissenschaftlerinnen und Wissenschaftlern als auch von forschenden Lehrern und Lehrerinnen erstellt. Sie bestehen aus drei Größen: Fallbeobachtung, Falldarstellung und Fallanalyse, die dann als Erzählung präsentiert werden. Falldaten werden in Fallberichten oder Fallbeschreibungen aufgearbeitet und in Fallstudien analytisch-interpretativ erschlossen. Zur Fallanalyse werden vor allem interpretierende Verfahren herangezogen, deren Eigenart es ist, den Daten „einen Sinn" zu geben. Das interpretativ-fallanalytische Vorgehen – im Rahmen von sozialwissenschaftlicher Hermeneutik, interpretativer Unterrichtsforschung, Ethnographie oder Praxisforschung – will Theorie und Praxis in der methodisch kontrollierten Analyse von Protokollen schulischer Wirklichkeit verbinden. Fallstudien gelten als besonders geeignet, um zwischen Theorie und Praxis bzw. zwischen den Wissens- und Diskursformen der pragmatischen Wissenschaft „Pädagogik" einerseits und der erfahrungswissenschaftlich begründeten „Erziehungswissenschaft" andererseits zu vermitteln, wobei diese Vermittlung im Vollzug der Interpretation stattfindet. Die Funktion der Interpretation besteht darin, Erklärungen für Verhalten und Handlungen zu finden.

Seit den 1980er Jahren sind zahlreiche Fallstudien in der erziehungswissenschaftlichen Forschung entstanden. Diese liegen in Veröffentlichungen, in grauen Materialien oder in unveröffentlichten Berichten vereinzelt vor. Ein wesentliches Ziel des „Online-Fallarchiv(s) Schulpädagogik" ist es, diese Studien für Forschung und Lehrerbildung zugänglich zu machen.

Ausgehend von dieser Grundidee soll das „Online-Fallarchiv Schulpädagogik" im Rahmen der Lehrerbildung und für Nutzer und Nutzerinnen aus der Praxis

- zum besseren Verstehen von Schulalltag und Unterrichtsszenen beitragen,
- Erfahrungen aus der Berufsarbeit von Lehrerinnen und Lehrern und deren Analysen präsentieren,
- Prozesse forschenden Lernens anregen,
- Zugänge zum Denken und Handeln von Kindern und Jugendlichen eröffnen,
- für die Komplexität schulischer Interaktionsprozesse sensibilisieren,
- das Repertoire an Deutungs- und Handlungsmöglichkeiten bereichern,
- bei der Suche nach alternativen Handlungs- und Deutungsmöglichkeiten helfen,
- Unterricht zum kommunizierbaren Geschehen machen,
- zu einer theoretisch-reflexiven Vorbereitung eines professionellen Habitus und Selbst beitragen,
- einen kompetenteren Umgang mit Theorie, Empirie und Praxis ermöglichen.

Das Online-Fallarchiv soll ferner im Rahmen der Forschung

- wissenschaftliches Diskussionsforum von Interpretationen und Handlungsentwürfen sein,
- empirische Daten und Dokumente zur Verfügung stellen,
- neue Fragen und Forschungsthemen aufwerfen,
- Möglichkeiten zum Wissenstransfer liefern.

Das „Online-Fallarchiv Schulpädagogik" gliedert sich in drei Bereiche:

Der *Präsentationsbereich* soll ausgewählte Falldarstellungen und Interpretationen von Forscherinnen oder Forschern enthalten. Außerdem werden Hinweise auf Handlungsmöglichkeiten gegeben. Die Fälle werden „verschlagwortet". Um das Archiv aufzubauen, werden ausgewählte Forscherinnen und Forscher, die im Bereich der interpretativen Unterrichtsforschung und der pädagogischen Kasuistik tätig sind, gebeten, Fälle und Interpretationen vorzustellen. Darüber hinaus werden ständig Fallrekonstruktionen aus der Literatur ausgewählt und – nach Absprache mit den Autoren und Autorinnen – präsentiert.

Der *Diskussionsbereich* lädt ein, an einem Diskussionsforum zum vorgestellten Fall teilzunehmen. Der *Informationsbereich* dokumentiert Veröffentlichungen und Projekte zur Fallarbeit in Schule und Lehrerbildung.

Das Fallarchiv soll von allen deutschsprachigen Studierenden genutzt werden können. Bisher wurden Datenbankprogramme für das Vorhaben getestet und Kontakte zu interessierten Wissenschaftlerinnen und Wissenschaftlern für den ersten Probelauf geknüpft.

4.4 Entwicklung von Eignungskriterien für den Lehrerberuf

In einem Projekt des ZLB aus dem Jahr 2002 wurden in einer retrospektiven Befragung von 2.834 aus Krankheitsgründen frühpensionierten Lehrerinnen und Lehrern der nordhessischen Region (Rücklauf: 51%) spezifische Belastungsfaktoren der Schulpraxis mit spezifischen Verarbeitungsmustern von Lehrerinnen und Lehrern in Beziehung gesetzt. Die Ergebnisse der Untersuchung wurden in Expertenrunden evaluiert und in erste pädagogische sowie bildungspolitische Empfehlungen transformiert. In diesem Kontext entwickelte die Projektgruppe einen Katalog von Maßnahmen im Blick auf Prävention und Therapie. Dabei wurden ausgehend von den Grundkategorien „objektive Belastungsfaktoren" und „subjektive Verarbeitungsmuster" für Prävention im Rahmen der Ausbildung die Bereiche

- Studienwahlberatung,
- Training personaler und sozial-integrativer Kompetenzen,
- Assessmentverfahren,
- Leistungshonorierung (Portfolio)

als für die Entwicklung und Anwendung von Eignungskriterien relevant identifiziert.

Angesichts der konstant hohen Zahlen von Frühpensionierungen soll spätestens während des Studiums durch geeignete Verfahren festgestellt werden können, ob die Studieninteressenten bzw. die Studienanfänger die für den Lehrerberuf erforderlichen personalen und sozialen Grundkompetenzen mitbringen. Dabei geht es zunächst einerseits um geeignete Überprüfungsverfahren, andererseits um kriteriengestützte Beratungsformen sowie um die Entwicklung von Trainingskonzepten, die geeignet sind, vorhandene Defizite auszugleichen.

In der Projektgruppe „Eignung zum Lehrerberuf" arbeiten Fachleute aus der ersten, zweiten und dritten Phase zusammen. Weiterhin gehören der Gruppe ein leitender Amtsarzt, Psychotherapeuten unterschiedlicher Richtung, Schulpsychologen, Schulleiter und Supervisoren an.

Aktuelles Ziel der Projektgruppe ist es, auf der Grundlage der Kriterien Überprüfungs-, Beratungs- und Trainingseinheiten zu entwickeln, die von den Studierenden bei der Vorbereitung für das erste Schulpraktikum nach dem zweiten Fachsemester durchlaufen werden können. Diese Einheiten sollen auf ihre Validität und praktische Übertragbarkeit überprüft werden, bevor sie in einem weiteren Schritt für ganze Jahrgangsbreiten der Universität eingesetzt werden.

5. Perspektiven

Da das ZLB der Universität Kassel erst vor wenigen Jahren seine Arbeit aufgenommen hat, muss es gegenwärtig als Konzept in Erprobung angesehen werden. Die bisherigen Erfahrungen ermutigen zur Fortsetzung dieser Erprobungsphase in der bisherigen Konzeption. Dabei werden auch Desiderate aufzugreifen sein, wie etwa die spezifische Förderung des wissenschaftlichen Nachwuchses in Erziehungswissenschaft und Fachdidaktiken sowie die stärkere Einbeziehung von Fachwissenschaften. Beibehalten werden soll die Fokussierung des ZLB auf die konkreten Themen der Vermittlung zwischen wissenschaftlicher Lehrerausbildung und Praxisbezug in einer Organisationsstruktur, die Projektorientierung fördert und bürokratische Hierarchien und abstrakte Verteilungsprobleme vermeidet.

Das Paderborner Lehrerausbildungszentrum als Entwicklungsagentur im Bereich von Forschung und Lehre

Gerhard Tulodziecki

Die Lehrerbildung in Deutschland befindet sich in einem Wandlungsprozess. Dieser ist u. a. durch die Umstrukturierung universitärer Studiengänge im Sinne des Bachelor-Master-Modells, durch bisherige Schwächen im Hinblick auf die Abstimmung verschiedener Studienbestandteile und nicht zuletzt durch die Kritik im Zusammenhang mit dem schlechten Abschneiden deutscher Schülerinnen und Schüler bei internationalen Vergleichsstudien bedingt. So stellen sich für die Lehrerbildung (erneut) verschiedene Fragen, z. B.: In welche Richtung sollten Reformprozesse gehen? Welche Infrastruktur ist für die Anregung und Unterstützung von Reformprozessen notwendig? Wie kann die Qualitätssicherung in der Lehrerbildung gewährleistet werden?

Im Kontext solcher Fragen spielt die bereits vollzogene oder geplante Einrichtung von Zentren für Lehrerbildung eine wichtige Rolle. Mit der Einrichtung rückt in besonderer Weise die Frage nach einer geeigneten Infrastruktur für die Reform der Lehrerbildung in den Blick.

Vor diesem Hintergrund werde ich im Folgenden das Paderborner Lehrerausbildungszentrum (kurz: PLAZ) vorstellen. Ich beginne – bevor ich verschiedene Aspekte systematisch beschreibe – mit einer kurzen (fiktiven) Fallschilderung, die zeigen soll, wie Studierende der Lehrämter mit dem PLAZ in Berührung kommen. Dazu gehe ich von der Situation einer Studentin – ich nenne sie einmal Daniela – aus.

Daniela möchte gern Mathematik und Englisch „auf Lehramt studieren" – wie die Studierenden zu sagen pflegen – und weiß nicht so recht, wie sie ihren Studienverlauf planen soll. In einer vom PLAZ organisierten Orientierungsphase erhält sie vor Beginn des Studiums wichtige Informationen zum Lehramtsstudium. Außerdem kann ihr eine schriftliche Informationsbroschüre – der Studienführer des PLAZ – wertvolle Hilfen geben. Im weiteren Verlauf ihres Studiums möchte sie verstärkt die Praxis kennen lernen. Insbesondere interessiert sie, wie die Planung und Durchführung von Klassenfahrten erfolgt. Kein Problem – neben wertvollen Hilfen für die verpflichtenden schulpraktischen Studien vermittelt das PLAZ über eine Kontaktbörse eine Schule, die an einer studentischen

Unterstützung bei einer Klassenfahrt interessiert ist. Zum Beginn des Hauptstudiums besucht Daniela noch einmal eine vom PLAZ organisierte Informationsveranstaltung zur weiteren Gestaltung ihres Studiums. Im Hauptstudium beteiligt sie sich u. a. an einer vom PLAZ mit dem Studienseminar in Paderborn durchgeführten Veranstaltung, in der ausgewählte Fragen zum Lehren und Lernen gemeinsam mit Referendarinnen und Referendaren diskutiert werden. Später absolviert Daniela ihr Examen. Nach dem Abschluss erhält sie eine Einladung zur Abschlussfeier. Dort wird ihr im Rahmen einer Feierstunde ihr Zeugnis von einem Vorstandsmitglied des PLAZ überreicht. Nun kann sie auch Mitglied im Verein der Ehemaligen werden, der ebenfalls vom PLAZ betreut wird und Kontakte zu früheren Studierenden und jetzigen Referendarinnen und Referendaren oder Lehrerinnen und Lehrern pflegt. Nehmen wir nun noch an, dass Daniela nicht sofort ins Referendariat wechselt, sondern eine Stelle als Wissenschaftliche Hilfskraft erhält und in einer ihrer Fachdidaktiken zu einer Problemstellung aus dem Bereich der Nutzung neuer Medien für Lehren und Lernen promovieren möchte: Im interdisziplinären PLAZ-Forschungskolleg „Neue Medien" kann sie ihr Konzept vorstellen und erhält aus der Diskussion wichtige inhaltliche und methodische Anregungen für ihre Dissertation.

Nach dieser – auf die Situation von Studierenden bezogenen – Fallschilderung behandle ich im Einzelnen folgende Fragen:

- Wie kam es zur Gründung des PLAZ?
- Welche Aufgaben und welches Selbstverständnis hat das PLAZ?
- Unter welchen Rahmenbedingungen arbeitet das PLAZ und wie ist die Arbeit organisiert?
- Wie geht das PLAZ bei der Wahrnehmung seiner Aufgaben vor?
- Wo liegen besondere Schwierigkeiten und welche Lösungsansätze werden versucht?

Bei der Bearbeitung dieser Fragen werden sowohl spezifische Merkmale der Situation an der Universität Paderborn – im Sinne der Vorstellung des PLAZ – als auch generelle Aspekte von Zentren für Lehrerbildung ins Bewusstsein gehoben.

1. Zur Gründungssituation

Spätestens mit dem Anwachsen der Studierendenzahlen Anfang der 1990er Jahre wurde auch die Reformbedürftigkeit der Lehrerausbildung offenbar. Das Ministerium für Wissenschaft und Forschung und das Kultusministerium des Landes Nordrhein-Westfalen ergriffen 1993 die Initiative und führten gemeinsam mit der Landesrektorenkonferenz eine Bestandsaufnahme zur Lehrerausbildung durch. Als auffallende Defizite stellten sie in Nordrhein-Westfalen fest (MWF 1994, 2):

– Mängel in der inhaltlichen Fokussierung und organisatorischen Koordination der Veranstaltungsangebote für das Lehramtsstudium,
– Probleme bei Praktikumsplätzen sowie Desiderata hinsichtlich der Vorbereitung, Betreuung und Nachbereitung der Praktika,
– unzureichende Abstimmung der Beratungsangebote,
– mangelnde Transparenz in Aufbau, Struktur und Zielperspektive von Lehramtsstudiengängen,
– unterschiedliche Praxis der Prüfungsdurchführung und Leistungsbewertung.

Das Resümee lautete: „Insgesamt verfügen die Lehramtsstudiengänge nicht über ein hinreichend eigenständiges und transparentes *Profil*" (ebd., 2).

Das damalige Ministerium für Wissenschaft und Forschung und das damalige Kultusministerium zogen aus dieser Analyse folgende Konsequenz: Im Interesse einer überfachlichen Koordination und Organisation der Lehrerausbildung entschlossen sie sich, an den Universitäten Querstrukturen – sogenannte Zentren für Lehrerbildung – einzurichten. Als fachübergreifende Einrichtungen sollten die Zentren für die Studierenden einen effektiven und planbaren Studienverlauf ermöglichen und für die Hochschullehrenden die Zusammenarbeit erleichtern. Dazu wurde ein entsprechender Modellversuch ausgeschrieben. Die Universität Paderborn bewarb sich mit Erfolg, so dass im Jahr 1995 das Paderborner Lehrerausbildungszentrum eingerichtet werden konnte. In dem Antrag war neben den Aufgaben insbesondere festgelegt, dass es sich bei dem Paderborner Lehrerausbildungszentrum um eine zentrale *wissenschaftliche* Einrichtung unter der Verantwortung des Senats handeln sollte. Die Grundsatzentscheidung für einen *wissenschaftlichen* Status war für die weitere Entwicklung des PLAZ und auch für andere Zentren von wegweisender Bedeutung. Dadurch wurde in besonderer Weise die Mitarbeit zahlreicher Professorinnen und Professoren sowie wissenschaftlicher Mitarbeiterinnen und Mitarbeiter begünstigt.

Das PLAZ wurde zunächst für drei Jahre, dann für weitere zwei Jahre als Modellversuch geführt, bevor es vom Jahr 2000 an – auf der Grundlage von § 31 Abs. 2 des Hochschulgesetzes von Nordrhein-Westfalen – als ständige zentrale wissenschaftliche Einrichtung gilt.

2. Aufgaben und Selbstverständnis des PLAZ

Die Satzung des Paderborner Lehrerausbildungszentrums vom 22.05.1996 legt Folgendes fest:

„Die Aufgaben des Zentrums bestehen in Zusammenarbeit mit den Fachbereichen in der Unterstützung und Weiterentwicklung der Lehrerausbildung mit dem Ziel, insbesondere

- die Studienorganisation zu verbessern,
- innovative Lehre zu fördern,
- schulbezogene, interdisziplinäre Forschung und Entwicklung sowie die Förderung des wissenschaftlichen Nachwuchses im Bereich der Erziehungswissenschaft und Fachdidaktik zu unterstützen,
- die Kooperation mit Schulen und anderen an der Lehrerbildung beteiligten Institutionen auszubauen."

Bei der Umsetzung der damit verbundenen Intentionen musste und muss sich das PLAZ mit einer Fülle immer wieder neuer Überlegungen zur Lehrerausbildung auseinandersetzen: von den Thesen des Wissenschaftsrates bis zum Expertengutachten in Nordrhein-Westfalen, von dem KMK-Gutachten zur Lehrerausbildung bis zur Frage von Modellversuchen in Form von Bachelor- und Master-Studiengängen.

Bei der Positionierung zu solchen Überlegungen ist das PLAZ stets seiner „Philosophie" treu geblieben – einer „Philosophie", die der Vorsitzende des PLAZ, Hans-Dieter Rinkens, folgendermaßen beschreibt:

„Um eine Verbesserung der Lehrerausbildung zu erreichen, sollte man nicht auf ‚große' Strukturveränderungen hoffen oder warten. Ich behaupte sogar, dass ein verordneter Systemwechsel schädlich sein kann, da er die Energie, die aufgebracht werden muss, um die Probleme unter Einbindung der Problemverursacher zu lösen, umleitet in die Lieblingsbeschäftigung von Hochschulgremien, nämlich Grundsatz-Diskussionen über Strukturen. Wie immer auch Strukturen aussehen, man löst damit nicht die Probleme, die von den Akteuren in diesen Strukturen verursacht werden. Entscheidende Schritte für eine Verbesserung der Lehrerausbildung können unmittelbar vor Ort begonnen werden; denn wir kennen die Probleme des jetzigen Systems. Zur Vermeidung von Missverständnissen sei hinzugefügt: Was wir in den Hochschulen brauchen sind keine Kontroll-Einrichtungen, sondern vielmehr Entwicklungs-Agenturen für die Profilierung der Lehrerausbildung als Element universitärer Organisationsentwicklung" (Rinkens 2002, 1).

Damit ist das grundlegende Selbstverständnis formuliert: Das PLAZ versteht sich als *Entwicklungsagentur* zur Anregung und Unterstützung von Prozessen, die zur Qualitätsverbesserung und Qualitätssicherung führen sollen (Rinkens/Tulodziecki/Blömeke 1999, 26ff.).

3. Rahmenbedingungen und Organisationsstruktur

Im Folgenden werden einige Rahmendaten zur Situation der Lehrerausbildung an der Universität Paderborn sowie Hinweise zur Personalausstattung und Organisationsform des PLAZ angeführt. Dabei wird zugleich eine gewisse Ausdifferenzierung der oben genannten Aufgaben des PLAZ vorgenommen.

An der Universität Paderborn laufen die bisherigen Studiengänge für die Primarstufe, die Sekundarstufe I und die Sekundarstufe II und II b (mit beruflicher Fachrichtung) zurzeit aus. Aufgrund der (neuen) Lehramtsprüfungsordnung vom 27. März 2003 sind an deren Stelle Studiengänge für die folgenden Lehrämter getreten:

- Lehramt an Grund-, Haupt- und Realschulen und den entsprechenden Jahrgangsstufen der Gesamtschulen mit den beiden möglichen Studienschwerpunkten „Grundschule" oder „Haupt-, Real- und Gesamtschule",
- Lehramt an Gymnasien und Gesamtschulen,
- Lehramt an Berufskollegs.

In diesen Studiengängen können an der Universität Paderborn insgesamt 25 Lehramtsfächer studiert bzw. in unterschiedlicher Weise – je nach Lehramt – kombiniert werden. Die 25 Lehramtsfächer verteilen sich auf fünf Fakultäten. Die Gesamtzahl der Studierenden liegt bei ca. 2.700.

Zur Bewältigung seiner Aufgaben umfasst die Personalausstattung des PLAZ:

- die Stelle einer Geschäftsführerin,
- zwei wissenschaftliche Mitarbeiter(innen)-Stellen für die Bereiche: Standards und Kerncurricula, Forschung, Beratung, Neue Medien, Öffentlichkeitsarbeit,
- die Stelle einer abgeordneten Lehrerin für die Gestaltung schulpraktischer Studien,
- drei halbe abgeordnete Lehrer(innen)-Stellen für die Bereiche Primarstufe, Sekundarstufe, Schulkontaktbörse.

Das PLAZ bemüht sich, diese Stellenausstattung auch für die Zukunft zu sichern, erfährt dabei allerdings im Bereich der Lehrerabordnungen zurzeit Probleme, so dass noch fraglich ist, ob die Ausstattung auf Dauer gewährleistet werden kann.

Die Arbeit des PLAZ vollzieht sich in Arbeitsgruppen und fest verankerten Aufgabenbereichen. Zurzeit gibt es vier *Arbeitsgruppen*. Zwei von ihnen sind studiengangsbezogen ausgerichtet (AG Primarstufe und AG Sekundarstufe), zwei themenbezogen (AG Forschung und AG Schulpraxis). Die Arbeitsgruppen bilden zur Bearbeitung bestimmter Problem- und Fragestellungen zeitlich befristete

Projektgruppen. In den Arbeits- und Projektgruppen wirken Professorinnen und Professoren sowie Mitarbeiterinnen und Mitarbeiter aus verschiedenen Fakultäten mit. Allen Arbeitsgruppen sind feste Mitarbeiterinnen oder Mitarbeiter des PLAZ zur Unterstützung zugeordnet.

Neben diesen vier Arbeitsgruppen sind drei weitere Aufgaben des PLAZ durch Delegation an Mitarbeiterinnen und Mitarbeiter des PLAZ fest in der Aufgabenstruktur verankert: Beratungssysteme, Medien und Informationstechnologien sowie regionale Zusammenarbeit. Damit stellt sich die Aufgabenstruktur zurzeit wie folgt dar (Hilligus 2004, 12ff.):

- *Primarstufe*, insbesondere mit den Aufgaben der Abstimmung der Studieninhalte zwischen Fachwissenschaft, Fachdidaktik und Erziehungswissenschaft, der Koordination der Lernbereiche Gesellschaftswissenschaften und Naturwissenschaften, der Verbesserung der Studienorganisation und der Förderung innovativer Lehre.
- *Sekundarstufe*, vor allem mit den Aufgaben der Abstimmung der Studieninhalte zwischen Fachwissenschaft, Fachdidaktik und Erziehungswissenschaft, der Profilierung der Sekundarstufen I, II und IIb, der Verbesserung der Studienorganisation und der Förderung innovativer Lehre.
- *Forschungsförderung*, schwerpunktmäßig mit den Aufgaben des Aufbaus interdisziplinärer Forschungskollegs, der Förderung des wissenschaftlichen Nachwuchses in den Fachdidaktiken und der Erziehungswissenschaft, der Entwicklung einer Infrastruktur für schul- und lehrerausbildungsbezogene Forschung und der Herausgabe einer entsprechenden Publikationsreihe.
- *Schulpraxis im Lehramtsstudium*, insbesondere mit den Aufgaben der Entwicklung innovativer Modelle für die Praxisphasen, der Zusammenarbeit mit den Mentorinnen und Mentoren, der Integration schulbezogener Inhalte in das Studium und des Angebots freiwilliger Praktika für Studierende.
- *Neue Medien im Lehramtsstudium*, vor allem mit den Aufgaben der Entwicklung und Erprobung eines Lehrangebots für alle Lehramtsstudierenden sowie der Betreuung einer Zusatzqualifikation für die Primar- und die Sekundarstufe, der Abstimmung des entsprechenden Lehrangebots und der Kooperation mit Schulen.
- *Beratungssysteme*, schwerpunktmäßig mit den Aufgaben der Mitgestaltung der Studieneingangsphase, der Verbesserung der Studien- und Prüfungsberatung durch Koordination, der Erstellung von Materialien und der Organisation von Informationsveranstaltungen sowie des Aufbaus internetgestützter Informationsangebote.
- *Regionale Zusammenarbeit*, insbesondere mit den Aufgaben der stufen- und fächerspezifischen Abstimmung der Ausbildungsangebote von erster und zweiter Phase, der Kooperation mit der Lehrerfortbildung, der Information

der Studierenden über das Referendariat und die Einstellung in den Schuldienst sowie der Organisation von Grundschultagen, Pädagogischen Wochen o.Ä.

Zentrale Steuerungsgruppe für alle Arbeits- und Aufgabenbereiche ist der Vorstand. Er besteht zurzeit aus dem Vorsitzenden und seinem Stellvertreter sowie den Sprecherinnen und Sprechern der Arbeitsgruppen (in der Regel Professorinnen und Professoren), der Geschäftsführerin, einer weiteren wissenschaftlichen Mitarbeiterin sowie zwei Studierenden.

Sowohl durch die Zusammensetzung des Vorstands und der Mitglieder des PLAZ als auch durch die Personalstruktur ist ein weitgehender Interessenausgleich der unterschiedlichen an der Lehrerausbildung beteiligten Bereiche gewährleistet: Fachwissenschaft, Fachdidaktik und Erziehungswissenschaft, Primarstufe und Sekundarstufen, wissenschaftliche und schulpraktische Qualifikationen, Geistes- und Gesellschaftswissenschaften sowie Mathematik und Naturwissenschaften sind jeweils mit mehreren Personen im PLAZ vertreten.

Die neue Lehramtsprüfungsordnung und Erfahrungen der letzten Jahre führen zurzeit zu einer gewissen Umstrukturierung, bei der vorgesehen ist, die sieben genannten Arbeitsfelder in drei größeren Arbeitsbereichen (Lehre, Forschung, Service) mit zugeordneten Arbeits- bzw. Projektgruppen zu organisieren.

4. Vorgehen bei der Wahrnehmung von Aufgaben

Im Rahmen dieses Beitrags können die Vorgehensweisen des PLAZ nur in Ausschnitten an einzelnen Beispielen verdeutlicht werden. Die Beispiele verweisen auf strukturelle Merkmale, die auch in anderen Arbeitsfeldern des PLAZ zur Geltung kommen. Für die Darstellung wähle ich die folgenden Beispiele aus: (1) Entwicklung von Positionspapieren und ihre Umsetzung, (2) Aktivitäten im Bereich von Medien und Informationstechnologien, (3) Öffentlichkeitsarbeit.

4.1 Beispiel: Positionspapiere und ihre Umsetzung

Im PLAZ wurden mittlerweile zwei Positionspapiere zur Lehrerausbildung an der Universität Paderborn entwickelt. Das erste Positionspapier hatte das Ziel, ein Leitbild für die Lehrerausbildung zu formulieren, das von möglichst vielen an der Lehrerausbildung Beteiligten mitgetragen wird.

Dafür war es zunächst wichtig, die mit der Lehrerausbildung befassten Professorinnen und Professoren sowie Mitarbeiterinnen, Mitarbeiter und Studierenden an einen Tisch zu bringen. Dazu dienten u. a. regelmäßige Treffen der Arbeitsgruppe Primarstufe und der Arbeitsgruppe Sekundarstufe, in denen die Abstimmung von Allgemeiner Didaktik und Fachdidaktik ein zentrales Thema ist. In diesen Arbeitsgruppen wurden u. a. Ideen für ein Positionspapier zusammengetragen, Entwürfe diskutiert und überarbeitet. Flankiert wurden diese Diskussionen durch zwei große und gut besuchte Veranstaltungen unter den Titeln:

- Welche und wie viel Fachdidaktik brauchen wir?
- Wie viel und welche Fachwissenschaft braucht die Lehrerausbildung?

Die Überlegungen und Diskussionen mündeten schließlich in das erste Positionspapier ein, welches das Paderborner Selbstverständnis für die Lehrerausbildung widerspiegelt und deshalb im Folgenden auszugsweise zitiert wird:

„Basis der Lehrerausbildung ist ein Leitbild von Schule, in dem diese als Ort des Lernens und zugleich als Erfahrungs- und Entwicklungsraum verstanden wird. Kinder und Jugendliche sollen die Fähigkeit und Bereitschaft erwerben, im gesellschaftlichen Zusammenhang sachgerecht, selbstbestimmt, kreativ und sozialverantwortlich zu handeln.

Für Lehrerinnen und Lehrer umfasst dieses Leitbild die folgenden Aufgaben: Anregen, Unterstützen und Beurteilen von Lernprozessen, Erziehen und Beraten sowie Mitwirken an der Schulentwicklung.

Auf dem Wege zu entsprechenden Qualifikationen stellt das Lehramtsstudium die erste Phase dar. Als erste Phase zielt das Lehramtsstudium schwerpunktmäßig auf den Erwerb wissenschaftlicher Grundlagen mit einsichtigen Bezügen zu späteren beruflichen Aufgaben. [...] Insgesamt sollen die Studierenden im Sinne von Leitideen

- die wissenschaftlichen Grundlagen für die Wahrnehmung von Unterrichts-, Erziehungs- und Schulentwicklungsaufgaben erwerben,
- eine forschende Grundhaltung aufbauen und erste praktische Erfahrungen im Hinblick auf berufliche Aufgaben gewinnen,
- Persönlichkeitseigenschaften, die für den Lehrberuf wichtig sind, weiterentwickeln." (PLAZ-Vorstand 2001, 3)

Nachdem es 2002 – initiiert und gesteuert durch das Rektorat – zu einer Evaluation der Lehrerausbildung an der Universität Paderborn gekommen war, schloss das Rektorat mit dem PLAZ eine Zielvereinbarung, nach der für die Lehramtsstudiengänge Standards und Kerncurricula entwickelt werden sollten. Dazu bildete der Vorstand des PLAZ eine Projektgruppe, die mit einem zweiten „Positionspapier zur Diskussion um Standards, Qualität und Leitbild der Lehrerausbildung in Paderborn" den Fakultäten bei der Vorbereitung der neuen Studienordnungen auf der Grundlage der geänderten Lehramtsprüfungsordnung Anregungen geben sollte. Diese Projektgruppe wurde nach Vorliegen des Entwurfs um die Studiendekane der fünf Fakultäten erweitert. Die Studiendekane nutzen den Entwurf, um in ihren Fakultäten die Entwicklung von Standards und Kerncurricula in Gang zu setzen – ein Prozess, der zurzeit noch läuft und im Sommersemester 2004 zu den neuen Studienordnungen führen soll. Parallel wurden vom PLAZ auf Wunsch des Senatsausschusses für Lehrerbildung Rahmenstudienordnungen für die verschiedenen Lehrämter entwickelt und in den Fakultäten diskutiert. Sie stehen nun nach Überarbeitung durch das PLAZ und Verabschiedung durch den Senatsausschuss für Lehrerbildung den Fakultäten zur Verfügung, so dass diese sich auf die Entwicklung der fachspezifschen Bestimmungen konzentrieren können.

4.2 Beispiel: Medien und Informationstechnologien im Lehramtsstudium

Seit 1996 fanden sich in einer Projektgruppe Erziehungswissenschaftler und Fachdidaktiker zusammen, um das Thema „Neue Medien" und ihre Nutzung in angemessener Weise in das Lehramtsstudium zu integrieren. Dabei kam der Projektgruppe die Unterstützung durch die Initiative „Bildungswege in der Informationsgesellschaft" der Heinz-Nixdorf-Stiftung und der Bertelsmann-Stiftung zugute. So wurde der Bereich der neuen Medien als Hilfsmittel und Thema des Studiums in mehreren Arbeitssitzungen und in länderübergreifenden Tagungen bearbeitet. Die an das PLAZ angebundene Projektgruppe steuerte sowohl die Entwicklung der notwendigen räumlichen und technischen Infrastruktur als auch die erforderlichen organisatorischen und curricularen Veränderungen sowie die besonders bedeutsame Personalentwicklung. Aufgrund dieser Aktivitäten sind die Verwendung der computerbasierten Medien und die medienpädagogische Reflexion der – mit den Informations- und Kommunikationstechnologien zusammenhängenden – Fragen heute ein fester Bestandteil des Lehramtsstudiums, und zwar sowohl in der Fachdidaktik als auch in der Erziehungswissenschaft. Über ein kontinuierliches Angebot für alle Lehramtsstudierenden hinaus gibt es die Zusatzqualifikation „Medien und Informationstechnologien in Erziehung, Unterricht und Bildung". Die Zusatzqualifikation führt zu Kompetenzen im Bereich digitaler Medien, die zurzeit und auch in Zukunft sowohl in der Schule als auch in außerschulischen Handlungsfeldern besonders nachgefragt sind. Die Zusatzqualifikation wurde an der Paderborner Universität als erster Universität in Nordrhein-Westfalen eingerichtet.

Die Anbindung der Projektgruppe an das PLAZ ermöglichte es – auch nach dem Auslaufen des durch die genannten Stiftungen geförderten Modellversuchs – den Bereich „Medien und Informationstechnologien" institutionell an der Universität zu verankern. So stellt dieser Bereich heute einen Profilschwerpunkt der Lehrerausbildung in Paderborn dar. Zugleich dient das Vorgehen als Modell für die Entwicklung zweier weiterer Profilschwerpunkte: „Gesundheitsfördernde Schule" und „Umgang mit Heterogenität".

Aus dem Projekt heraus ist außerdem ein fächerübergreifender Forschungsschwerpunkt „Lernen und Lehren mit neuen Medien" erwachsen. Dieser hat sich zu einem Forschungskolleg entwickelt, in dem regelmäßig Forschungsvorhaben (mit dem Ziel der Promotion, der Habilitation oder der Beantragung von DFG-Projekten) aus den Fachdidaktiken und der Erziehungswissenschaft vorgestellt und diskutiert werden. Hinzu kommen Veranstaltungen zu übergreifenden methodologischen Fragen. Beispiele für – in Arbeit befindliche – empirische Projekte sind: „Lernen mit Simulationen und der Einfluss auf das Problemlösen im Physikunterricht", „Der Einfluss der Darstellungsperspektive von computergestützter Bildschirminstruktion auf das motorische Lernen", „Fall- und problemorientiertes Lernen im Fernstudium – theoriegeleitete Entwicklung und empirische Evaluation".

Eine Stärkung des Forschungskollegs wurde u. a. dadurch erreicht, dass das Land Nordrhein-Westfalen Lehrerabordnungen mit der Absicht verbindet, den wissenschaftlichen Nachwuchs in den Fachdidaktiken und in der Erziehungswissenschaft zu fördern. Dazu verlangte das betreffende Ministerium die Vorlage eines Forschungskonzepts, das die Grundlage für Lehrerabordnungen an die jeweilige Universität bildet. Sowohl das Forschungskonzept als auch die Rahmenvorgaben wurden vom PLAZ entwickelt und vom Rektorat verabschiedet. Die auf dieser Basis abgeordneten Lehrerinnen und Lehrer sind damit zugleich Mitglieder des Forschungskollegs.

4.3 Beispiel: Öffentlichkeitsarbeit

Zum Bereich der Öffentlichkeitsarbeit gehören u. a. Vorträge von bedeutenden Persönlichkeiten aus der Bildungs- und Erziehungswissenschaft, z. B. von Wolfgang Klafki und Hartmut von Hentig, sowie aus der Bildungspolitik, z. B. von Ministerinnen oder Ministern. Die Titel reichen von „Zukunft der Bildung – Schule der Zukunft" sowie „Die Schule von morgen beginnt heute" bis zu „Faustlos – Ein Curriculum für den Umgang mit Konflikten" und „Bilanz der Koedukationsforschung – wo steht die koedukative Schule heute?" Nicht zu vergessen ist eine mit Bezug auf die PISA-Ergebnisse durchgeführte Reihe, u. a. mit der finnischen Bildungsexpertin Rita Piiri, die zum Thema referierte: „Best Practice-Beispiel Finnland – Was können wir lernen?" In den Kontext der Veranstaltungen gehören aber auch die außerordentlich erfolgreichen Grundschultage mit den Themen „Lernen mit allen Sinnen" und „Kinderwelt – Medienwelt" sowie „Interkulturelles Lernen".

Zu den Vorträgen und Grundschultagen kommen die stets unterhaltsamen Treffen der Ehemaligen, die sich aufgrund der Gründung des Vereins PLAZEF von Zeit zu Zeit zusammenfinden. PLAZEF steht dabei für „Paderborner Lehrerausbildung – Zusammenschluss von Ehemaligen und Förderern".

Schließlich gehört zu Öffentlichkeitsarbeit und Profilbildung die – jedes Semester mit großem Erfolg stattfindende – Abschlussfeier zum Staatsexamen, die zusammen mit den Fachschaften und dem Staatlichen Prüfungsamt durchgeführt wird. Zu der Abschlussfeier zitiere ich noch einmal den Vorsitzenden des PLAZ, und zwar aus seiner Begrüßungsrede zur ersten Feier im Jahre 1996:

„Nach einem jahrelangen Weg [des Studiums, G.T.], auf dem man vielen Kommilitoninnen und Kommilitonen begegnet und mit ihnen ein kurzes oder längeres Stück gemeinsam gegangen war, kam die Zeit der Vorbereitung auf die Prüfungen. ... Nach der letzten Prüfung ging man nach Hause. Das war's. Irgendwann lag da noch ein Behördenbrief im Briefkasten. Ach ja, das Zeugnis.

Was soll nun anders werden? Wir sind der Meinung, der gemeinsame Weg – und mit „gemeinsam" meine ich nicht nur Sie als Studierende, sondern auch uns als Lehrende – sollte auch einen würdigen Abschied finden. Das ist unsere Intention" (Rinkens 1996, 1).

Mit diesem kurzen Blick auf drei Beispiele – Positionspapiere, Medien und Informationstechnologien sowie Öffentlichkeitsarbeit – habe ich nur einen kleinen Ausschnitt aus der Arbeit des PLAZ etwas näher beleuchtet. Die skizzierten Aktivitäten sind insgesamt in den im Abschnitt 3 skizzierten Rahmen eingebettet.

5. Problemlagen und Lösungsansätze

Betrachtet man das Paderborner Lehrerausbildungszentrum aus analytischer Sicht, stellen sich u. a. drei Fragen:

(1) Wie kann eine zentrale wissenschaftliche Einrichtung, die sich um Lehre und Forschung im Kontext von Schule und Lehrerbildung bemüht, verhindern, dass sie in Konkurrenz zu den Fakultäten mit ihren Lehr- und Forschungsaufgaben gerät?

(2) Wie kann eine möglichst breite Beteiligung aller an der Lehrerausbildung Beteiligten – aus Erziehungswissenschaft, Fachdidaktik und Fachwissenschaft – erreicht werden?

(3) Wie kann ein Lehrerausbildungszentrum, das weder Entscheidungen über die Vergabe von Mitteln trifft noch Möglichkeiten der Anweisung hat, wirksamen Einfluss auf die Lehrerausbildung gewinnen?

Zur *ersten* Frage: Grundsätzlich lässt sich Konkurrenz zu den Fakultäten dadurch vermeiden, dass ein „Klima" der Kooperation geschaffen wird. Dies setzt zunächst voraus, dass die Zuständigkeit und Verantwortung der Fakultäten für Forschung und Lehre akzeptiert wird und dass das jeweilige Zentrum sich auf fakultätsübergreifende Aufgaben konzentriert und die Fakultäten bei diesen in angemessener Weise einbezieht. Solche fakultätsübergreifenden Aktivitäten sind u. a. die inhaltliche und organisatorische Koordination des Lehrangebots, die Anregung und Unterstützung von Entwicklungsprozessen, z. B. durch Positionspapiere zu Standards und Kerncurricula, der Entwurf von Rahmenstudienordnungen sowie die Gestaltung eines interdisziplinären Forschungskollegs. Bei den fakultätsübergreifenden Aktivitäten ist es – wie angesprochen – wichtig, die Fakultäten zu beteiligen, z. B. durch die Studiendekane, insbesondere wenn die fakultätsübergreifenden Aktivitäten Papiere oder Ordnungen betreffen, die später vom Rektorat oder vom Ausschuss für Lehrerbildung verbindlich gemacht werden sollen. Wenn dies gelingt, wird die Arbeit der Zentren von den Fakultäten nicht als Konkurrenz, sondern als Unterstützung wahrgenommen. Dennoch kann es hin und wieder zu Unstimmigkeiten kommen. In solchen Fällen ist dann die sofortige direkte Kontaktaufnahme und Besprechung mit den Fakultäten unter Wahrung der jeweiligen Interessen geeignet, Konkurrenzdenken entgegenzuwirken und Kooperation zu fördern.

Zur *zweiten* Frage: Eine möglichst breite Beteiligung von Lehrenden in der Lehrerausbildung wurde vom PLAZ zunächst dadurch angestrebt, dass *nicht* nach dem Repräsentationsprinzip verfahren wurde (jede Fakultät oder jedes Fach muss eine bestimmte Zahl von Vertreterinnen oder Vertretern in Arbeits- oder Projektgruppen entsenden), sondern nach dem Prinzip des Interesses an Fragen der Lehrerausbildung und der Bereitschaft, an Reformprozessen mitzuwirken. In Fällen, in denen der Sachverstand bestimmter Fächer oder Fachgruppen notwendig war und sich über das Prinzip des Interesses (noch) kein Engagement abzeichnete, wurde die Beteiligung durch die persönliche Ansprache kompetenter Personen flankiert. Bei einigen Fragen, z. B. Entwicklung von Kerncurricula, wurde allerdings auch versucht, durch Einbezug der Studiendekane sicherzustellen, dass alle Fakultäten in der betreffenden Arbeitsgruppe beteiligt sind. Dennoch bleibt der Einbezug der Fachwissenschaften ein Problem. Hier gibt es bei verschiedenen guten Ansätzen, z. B. aktive Beteiligung bei den Diskussionen um ein Leitbild für die Lehrerausbildung und um Standards und Kerncurricula, zwar gewisse Erfolge, allerdings ist es auch in Paderborn bisher nicht gelungen, die gewünschte Breite einer fachwissenschaftlichen Beteiligung an den Aktivitäten des PLAZ zu erreichen.

Zur *dritten* Frage: Die Tatsache, dass das Paderborner Lehrerausbildungszentrum letztlich keine Entscheidungsbefugnis und von sich aus keine unmittelbaren Durchsetzungsmöglichkeiten für Maßnahmen hat, führt einerseits zwar dazu, dass das PLAZ seiner Rolle als Entwicklungsagentur in einem entspannten und förderlichen Sinne gerecht werden kann, andererseits hat es jedoch zur Folge, dass es in besonderer Weise – und durchaus in Übereinstimmung mit der eigenen „Philosophie" – auf Diskurs und Kommunikation, auf Kompetenz in Lehrerbildungsfragen sowie auf die Zusammenarbeit mit Entscheidungsgremien angewiesen ist. Diskurs und Kommunikation – auch im Sinne von Überzeugungsarbeit – sind ohnehin die Voraussetzungen, dass sich bei den in der Lehrerausbildung Tätigen Änderungen bzw. Reformen vollziehen. Wird dabei einem Lehrerausbildungszentrum bzw. den dort agierenden Personen Kompetenz in Lehrerbildungsfragen zugesprochen, führt dies in der Regel dazu, dass Entscheidungsgremien – sei es das Rektorat, sei es der Ausschuss für Lehrerbildung, seien es die Dekanate oder Fakultätsräte – sich gern des Rates oder der Begutachtung oder der Stellungnahmen des jeweiligen Zentrums bedienen. Dies kann z. B. Rahmenstudienordnungen für die Lehramtsstudiengänge oder Rahmenvorgaben für die interdisziplinäre Forschung zu Schule und Lehrerbildung betreffen. Dadurch wird letztlich – aus einer kooperationsorientierten Position heraus – ein relativ großer Einfluss auf die Lehrerbildung möglich. Allerdings setzt dies gleichzeitig die institutionelle Unabhängigkeit der Zentren als zentrale wissenschaftliche Einrichtungen voraus (ohne einem anderen Gremium, z. B. einem Senatsausschuss für Lehrerbildung, untergeordnet bzw. zu Dienstleistungen verpflichtet zu sein).

Schließlich sei Folgendes gesagt: Wenn es auch aus struktureller und institutioneller Sicht nicht unproblematisch sein mag, so lässt es sich faktisch kaum umgehen, dass Einrichtungen wie Zentren für Lehrerbildung mit ihren Einflussmöglichkeiten letztlich durch die Personen „leben", die sich in den Zentren selbst und in der jeweiligen Universität für die Lehrerbildung engagieren. Diese Einsicht dürfte auch dann Gültigkeit behalten, wenn Zentren für Lehrerbildung größere Entscheidungsbefugnisse zugesprochen werden. Allerdings bleibt es ein wichtiger Diskussionspunkt, welche Entscheidungsbefugnisse ein Zentrum für Lehrerbildung im Kontext der jeweiligen Universität haben sollte, um wirksam werden und seine Rolle als Entwicklungsagentur umsetzen zu können.

Literatur

Hilligus, A. (2004): Jahresbericht des PLAZ 2003. PLAZ-Forum, Heft A-02-2004. Paderborn: Universität.

MWF/Ministerium für Wissenschaft und Forschung des Landes Nordrhein-Westfalen (1994): Organisation und Transparenz der Lehrerausbildung, 11.08.94 (Erl. I A 4 – 6032). Düsseldorf: MWF.

PLAZ-Vorstand (Hrsg.) (2001): Positionspapier zur Lehrerausbildung an der Universität Paderborn. PLAZ-Forum, Heft C-04-2001. Paderborn: Universität.

Rinkens, H.-D. (2002): Verzahnung von Fachwissenschaft, Fachdidaktik und Erziehungswissenschaft. Impulsreferat beim Expertenkolloquium des dbb zur Entwicklung der Lehrerausbildung, 10.06.02. Berlin.

Rinkens, H.-D. (1996): Begrüßungsrede zur Staatsexamensfeier. Typoskript der Rede. Paderborn: PLAZ.

Rinkens, H.-D./Tulodziecki, G./Blömeke, S. (Hrsg.) (1999): Zentren für Lehrerbildung – Fünf Jahre Unterstützung und Weiterentwicklung der Lehrerausbildung. Ergebnisse des Modellversuchs PLAZ. Münster: Lit.

Das Zentrum für Schulforschung und Fragen der Lehrerbildung (ZSL) der Martin-Luther-Universität in Halle-Wittenberg

Sibylle Reinhardt

Das Zentrum für Schulforschung und Fragen der Lehrerbildung (ZSL) wurde vor genau 10 Jahren (1994) als eines der interdisziplinären Zentren der Martin-Luther-Universität gegründet. Es ist inzwischen angesiedelt in den traditionsreichen Franckeschen Stiftungen (Franckeplatz 1, Haus 31, 06099 Halle).

1. Forschung

Seinem *Schwerpunkt* nach ist das ZSL ein *Forschungsinstitut*, was sich in aller Kürze darin ausdrückt, dass Ende 2003 zehn drittmittelfinanzierte Forschungsprojekte mit insgesamt zehn wissenschaftlichen Mitarbeitern und 23 studentischen Hilfskräften durchgeführt wurden, deren von außen zugewandte Mittel bei insgesamt knapp 400.000 Euro lagen. Ganz grob lassen sich diese Projekte in *drei Gruppen* einteilen, nämlich a) solche für allgemeine und *grundlegende Forschung* (überwiegend von der DFG finanziert), solche mit b) stärker landesbezogenen, auf *Begleitung* und *Beratung* zielenden Themen (von Kultusministerium und Landesinstitut in Sachsen-Anhalt finanziert) sowie c) einem europäischen TEMPUS-Projekt zur Förderung eines Studiengangs in Russland (finanziert durch die EU):

a) Politische Orientierungen und schulische Anerkennungsbeziehungen (Leitung: Professoren Helsper, Krüger); Lesesozialisation im Deutschunterricht: Strukturen, Prozesse, Bedingungen (Prof. Fritzsche); Pädagogische Generationsbeziehungen (Prof. Helsper, Dr. Kramer); Jugendkultur in der Unterrichtssituation (Dr. Breidenstein); Lehrer-Schüler-Beziehungen an Waldorfschulen (Prof. Helsper);

b) Freiarbeit und Selbsttätigkeit (Prof. Wenzel); Entwicklung von Schulprogrammen (Prof. Wenzel); Qualitätsverbesserung von Schule (Prof. Wenzel); die zweite Phase der Lehrerausbildung (Prof. Reinhardt);

c) Training Social pedagogues (Prof. Wenzel).

Das *Forschungsprofil* des Zentrums für Schulforschung und Fragen der Lehrerbildung (ZSL) wird in vier Bereiche untergliedert, wodurch die Entwicklung von Themen und die Diagnose von Defiziten erleichtert werden soll:

- Schule, Gesellschaft und Sozialisation,
- Schulqualität und Schulentwicklung,
- Lehrerprofessionalität, Lehreraus-, -fort- und -weiterbildung,
- Unterricht, allgemeine und Fachdidaktik.

Das Zentrum hat – nach zwei Jahren vorbereitender Diskussionen – den *Antrag* auf Einrichtung einer *Forschergruppe* im Rahmen des Programms „Empirische Bildungsforschung" der Deutschen Forschungsgemeinschaft gestellt, und zwar zum Thema „Mikroprozesse schulischer Selektion bei Kindern und Jugendlichen". Hierzu gehören außer dem Rahmenantrag neun Einzelanträge, deren Verfasser in den Erziehungswissenschaften, der pädagogischen Psychologie, der Japanologie und der Politikwissenschaft bzw. Fachdidaktik arbeiten, so dass hier versucht wird, eine interdisziplinäre Perspektive zu verwirklichen.

Das ZSL unterstützt die Aktivitäten seiner forschenden Mitglieder durch mehrere institutionalisierte Verfahren:

a) Interessenten können sich bei ihrer *Planung von Forschungsvorhaben* inhaltlich und methodisch und für die Antragstellung *beraten* lassen. Die Ressourcen des ZSL erlauben sowohl die Beratung für qualitative methodische Zugänge als auch für quantitatives Arbeiten, wobei besonders im qualitativen Bereich sehr unterschiedliche Wege begangen werden.

b) Alle zwei Jahre veranstaltet das ZSL *internationale Fachtagungen*, die häufig einen Bezug zu laufenden Forschungsvorhaben herstellen und auswärtige Experten in den Diskussionsprozess einbinden.

c) Innerhalb des ZSL finden regelmäßig *methodische Fortbildungen* für die Mitarbeiter statt, so z.B. ein Arbeitskreis für qualitative Methoden in der Schulforschung und in der Lehrerbildung.

d) Das ZSL ist Herausgeber der *Schriftenreihe* „Studien zur Schul- und Bildungsforschung", deren Bände 1 bis 8 im Deutschen Studienverlag erschienen sind, und die jetzt im Verlag Leske+Budrich (bzw. im VS Verlag für Sozialwissenschaften) erscheint (bisher Bände 9 bis 18). Zusätzlich wird die (graue) Reihe der Werkstatthefte publiziert, in der Texte aus aktuellen Forschungszusammenhängen und auch erfolgreiche Anträge für Forschungsprojekte erscheinen.

2. Nachwuchsförderung

Seit mehreren Jahren ist ein Programm zur Förderung des wissenschaftlichen Nachwuchses gezielt entwickelt worden. Die Promotions- und Habilitationsvorhaben der wissenschaftlichen Mitarbeiter und Assistenten werden durch ein regelmäßiges *Kolloquium* für empirische Schul- und Bildungsforschung und durch *Sommerschulen* gefördert. Auch hat das ZSL ein Promotionsstipendium des Landes Sachsen-Anhalt einwerben können. Die methodischen Kompetenzen der Mitarbeiter werden in regelmäßigen *Workshops* erweitert.

Aus den Arbeitszusammenhängen des ZSL konnten in den vergangenen Jahren eine ganze Reihe von Dissertationen und Habilitationen abgeschlossen werden. Mehrere frühere wissenschaftliche Mitarbeiter sind inzwischen Professoren an Hochschulen, zwei Mitarbeiter sind in das Landesinstitut von Sachsen-Anhalt gewechselt, andere Mitarbeiter sind in Hochschulen außerhalb des Landes beschäftigt.

3. Lehrerbildung

Das Zentrum für Schulforschung und Fragen der Lehrerbildung ist *nicht* für die Organisation und Koordination der Lehrerbildung an der Martin-Luther-Universität verantwortlich. Der Zusatz „und Fragen der Lehrerbildung" im Namen des ZSL deutet daraufhin, dass das ZSL ein Ort für die Kommunikation und Reflexion von Fragen der Lehrerbildung ist.

Diese Aufgabe wird seit Beginn der Arbeit des Zentrums durch *Hallesche Abendgespräche zu Schule und Bildung* (vor dem Umzug: Kröllwitzer Kaminingespräche) wahrgenommen. Diese Vortragsreihe findet in jedem Semester statt und wendet sich außer an Wissenschaftler auch an Studierende, Lehrer und an diejenigen, die in den Institutionen der Lehrerbildung des Landes (Schulämter, Studienseminare, Kultusministerium, Landesinstitut, Landesprüfungsamt u. a.) tätig sind.

Im Wintersemester 2003/04 wurden *Evaluation und Schulentwicklung* verhandelt, wofür die Bremer Schulbegleitforschung, die Oldenburger Teamforschung, Selbst- und Fremdevaluation in der Laborschule in Bielefeld und das Hamburger Lehrerforschungskonzept vorgestellt wurden. Diese Halleschen Abendgespräche finden im Vortragssaal des ZSL statt, bei größeren Teilnehmerzahlen kann ein Hörsaal des Fachbereichs Erziehungswissenschaft in demselben Gebäude genutzt werden. Konzeption und Organisation der Abendgespräche werden vom Direktorium verantwortet.

In den vergangenen zwei Jahren hat das ZSL (unter meiner Leitung) einen *Arbeitskreis Lehrerbildung* organisiert und koordiniert. Nach einer einleitenden Ideenwerkstatt wurden die dort ermittelten Themen behandelt, zweimal unterbrochen durch drängende Probleme der Strukturierung der Lehrerbildung in Sachsen-Anhalt. Es ging um die *Kooperation in der Lehrerbildung* zwischen den unterschiedlichen Phasen und also auch den unterschiedlichen Institutionen, wobei die Frage nach der Bedeutung von „Praxis" im Vordergrund stand und dafür auch wechselseitig über Schwerpunkte, Abläufe und Probleme informiert wurde. Das zweite große Thema war die *Eingangsphase* des pädagogischen Begleitstudiums, dessen innovative fallorientierte Struktur nicht nur zur Kenntnis genommen, sondern in wiederholtem Interpretieren von Unterrichtsszenen zu einem Austausch der Perspektiven von *Erziehungswissenschaft und Fachdidaktiken* führte. Die – gewissermaßen unterbrechenden – akuten Probleme betrafen Zwangslagen der Lehrerbildung an der Martin-Luther-Universität (besonders: Schulpraktische Übungen und überbordende Anfängerzahlen) sowie Strukturprobleme der Lehrerbildung im Lande Sachsen-Anhalt.

Die *Lehrerbildung der Martin-Luther-Universität* wird von den *Fachwissenschaften* (denen die *Fachdidaktiken* zugeordnet sind) und dem Fachbereich *Erziehungswissenschaften* verantwortet. Die Praktika werden in der Orientierungsphase von der Erziehungswissenschaft, die Schulpraktischen Übungen von den Fachdidaktiken organisiert und betreut, für die Schulpraktika wirken ein Dezernat der *Verwaltung* organisatorisch und die Fachdidaktiken inhaltlich zusammen, die Lehrerweiterbildung wird von einem Dezernat der Universitätsverwaltung koordiniert und von den entsprechenden Fächern inhaltlich und organisatorisch verwirklicht. Eine beratende und (vorbereitende) entscheidende Funktion für die gesamte Universität hat die *Lehrerbildungskommission*, eine durch Hochschulgesetz des Landes installierte Unterkommission der Kommission Lehre und Studium. Hier werden z.B. alle neuen Studienordnungen zuerst beraten und hier können alle auftauchenden Probleme behandelt werden. Wünschbar wäre eine Stärkung der koordinierenden Funktion der Lehrerbildungskommission durch ihre Vertretung in allen Berufungsverfahren für solche Professuren, die zentral bedeutsam für die Lehrerbildung sind (faktisch ist dies übrigens der Fall).

Die *Klammer* zwischen dem Zentrum für Schulforschung und Fragen der Lehrerbildung und der Lehrerbildung der Martin-Luther-Universität entsteht durch *Personalidentitäten* (bisher waren die/der Vorsitzende der Lehrerbildungskommission – mindestens zeitweise – auch Mitglied des Direktoriums des ZSL, alle Vorsitzenden der LBK haben Forschungsprojekte im ZSL realisiert) und durch den *Arbeitskreis Lehrerbildung*, der seinerseits mit der LBK kooperiert. Diese Art der Kooperation ist also nicht formell institutionalisiert, hat aber bisher im Bewusstsein der gemeinsamen Aufgabe der Lehrerbildung sinnvoll funktioniert.

4. Struktur und Organisation des Zentrums

Vor 10 Jahren, also zu Beginn seiner Arbeit, verfügte das ZSL über *drei* akademische Dauerstellen, eine Stelle für Sachbearbeitung/Sekretariat und Mittel für studentische Hilfskräfte. Mit dem Weggang der Stelleninhaber wurden die Dauerstellen in *befristete C1-Stellen* (wissenschaftliche Assistenten) mit dem Ziel der Qualifikation verwandelt. Sie sind zurzeit besetzt durch Dr. Georg Breidenstein (Geschäftsführung), Dr. Rolf-Torsten Kramer und Dr. Oliver Böhm-Kasper.

Geleitet wird das ZSL satzungsgemäß von einem *Direktorium*, dem sechs Professoren, zwei wissenschaftliche Mitarbeiter und ein Student angehören. Die Gruppe der Professoren drückt die Idee der Interdisziplinarität aus, weil neben Erziehungswissenschaftlern (Helsper, Krüger, Wenzel) auch ein Physiker (Berg), eine Japanologin (Foljanty-Jost) und eine Fachdidaktikerin (Reinhardt) Direktoren sind. Der geschäftsführende Direktor ist Prof. Dr. Werner Helsper, die Stellvertreterin bin ich. Dem Zentrum ist ein *Wissenschaftlicher Beirat* zugeordnet, der in den vergangenen Jahren zahlreiche Anregungen und Hilfen gegeben hat. Prof. Hans-Uwe Otto ist der Vorsitzende, weitere Mitglieder sind Prof. Jürgen Baumert, Dr. Jan Hofmann, Prof. Will Lütgert, Prof. Wolfgang Melzer, Prof. Ewald Terhart, Prof. Peter Zedler und – als ausländische Wissenschaftler – Frau Prof. du Bois-Reymond, Prof. Ivor Goodson und Prof. Philip Wexler.

5. Fazit

Das Zentrum für Schulforschung und Fragen der Lehrerbildung ist in erster Linie ein Forschungsinstitut. Die Entwicklung der Personalstruktur in den zehn Jahren seines Bestehens hat dies befestigt und verstärkt. Sollte das ZSL – was ja grundsätzlich denkbar ist – die konzeptionelle und organisatorische Verantwortung für die Lehrerbildung der Martin-Luther-Universität übernehmen sollen, so würde dies eine zweite Abteilung im ZSL – mit eigener organisatorischer Struktur und personeller Ausstattung (Dauerstellen) – leisten können und sie somit erforderlich machen.

Das Zentrum für Lehrerbildung an der Universität Bielefeld: Unterstützung, Förderung und Weiterentwicklung der Lehrerbildung

Volker Möhle

Seit rund zehn Jahren gibt es bundesweit eine Gründungswelle für Zentren für Lehrerbildung. Nicht immer ist deutlich, welche Erwartungen sich seitens der Initiatoren mit solchen Gründungen verknüpfen. Das Zentrum für Lehrerbildung (ZfL) der Universität Bielefeld wurde bereits vor mehr als 20 Jahren gegründet. Die Konzeption des ZfL geht sogar auf grundlegende Strukturplanungen aus der ersten Aufbauphase der Universität Bielefeld vor mehr als 30 Jahren zurück. Entstehung, Entwicklung und heutige Stellung werden durch einen Rückblick auf die hochschulpolitischen Rahmenbedingungen der damaligen Zeit verständlich.

Die 2. Hälfte der 1960er Jahre und die 1970er Jahre waren – im Gefolge der von Georg Picht Mitte der 1960er Jahre deklamierten Bildungskatastrophe und des drastischen Mangels an ausgebildeten Lehrkräften in jener Zeit – bestimmt von intensiven, aber höchst kontroversen Diskussionen zur Förderung und Verbesserung der Lehrerausbildung und Veränderung der Ausbildungsinstitutionen (ein erheblicher Teil der Argumente und Positionen der heutigen Diskussion stammt aus dieser Zeit). Die rasche Folge von grundlegend unterschiedlichen Konzeptionen der nordrheinwestfälischen Hochschulpolitik versuchte die 1968 gegründete Universität Bielefeld konstruktiv auszubalancieren. Sie war als Forschungsuniversität neuen Typs konzipiert, hatte jedoch von Anfang an auch lehrerausbildende Studiengänge, denen jedoch in der Strukturplanung keine zentrale Bedeutung zukam. Die Universität verhielt sich auch deshalb zu bereits 1970 vorgestellten Planungen, die Abteilung Bielefeld der PH Westfalen-Lippe (und andere größere PH-Abteilungen entsprechend) zu einer „Erziehungswissenschaftlichen Universität" auszubauen, grundsätzlich ebenso positiv wie zu der (nur propagierten) Gründung von Gesamthochschulbereichen und (dann tatsächlich erfolgten) „Integrierten Gesamthochschulen".

Als besonders für die Lehrerausbildung maßgebliche Strukturprinzipien für künftige Hochschulstrukturen wurden von der Universität Bielefeld in diesem Zusammenhang u. a. vorgeschlagen: „Die Integration soll Fachbereiche schaffen, in denen Lehrende mit verwandtem Gegenstandsbereich kooperieren, um durchlässige Studiengänge zu schaffen und fachliche Isolationen durch wissenschaftlichen Austausch und kooperative Forschung zu überwinden. ... Als Ergänzung und Korrektiv hierzu sind koordinierende und steuernde Organe für fachbereichsübergreifende Studiengänge und Forschungsaufgaben zu bilden (z. B. für Fragen der Lehrerausbildung und ähnliche Querschnittsprobleme)." [1]

Als seit etwa Mitte der 1970er Jahre absehbar war, dass dem Lehrermangel von Ende der 1960er Jahre nun eine längere Periode folgen würde, wo die Lehramtsabsolventen keine Stelle finden würden, begann die Planung für die Auflösung der Pädagogischen Hochschulen. Im Dezember 1979 beschloss der Landtag NRW das Zusammenführungsgesetz von Universitäten und Pädagogischen Hochschulen. Von Anfang an war die erklärte Absicht, es ginge der Landesregierung um eine Verbesserung der Lehrerausbildung, wenig glaubhaft. Erkennbar das vorrangige Ziel: der Abbau von Ausbildungskapazitäten. Von beiden Hochschulen (Uni und PH-Abteilung[2]) wurde dennoch der Versuch unternommen, den Gesetzesauftrag ernst zu nehmen, sozusagen das Beste daraus zu machen. Zu den Kernfragen, die auch heute wieder u. a. in Verbindung mit der Einrichtung von Zentren für Lehrerbildung diskutiert werden, gehörte die Entscheidung, welche Organisationsform für die Lehrerausbildung besser ist: Fachdidaktik mit Erziehungswissenschaften oder Fach-zu-Fach – oder sogar die Ausgliederung in eine eigene Institution. Zwar war für die Universität Bielefeld eine Fach-zu-Fach-Zusammenführung als bessere Alternative unstreitig. Sehr bald war aber deutlich, dass sich die Umsetzung des Gesetzesauftrags nicht auf die Zuordnung des Personals und Überleitung von Studiengängen beschränken konnte. Überlegungen für eine „Querstruktur" umfassten die Einrichtung akademischer Selbstverwaltungsgremien, die besondere Zuständigkeiten für die Belange der Lehrerausbildung haben sollten, und den Vorschlag für die Einrichtung eines „Wissenschaftlichen Zentrums für Lehrerausbildung und pädagogische Berufsfeldforschung".

Dieser Vorschlag war mit der Annahme und Einsicht begründet, dass eine Reihe von Aufgaben, die sich im Zusammenhang mit der Lehrerausbildung stellen, nach der Integration nur ungenügend oder überhaupt nicht von Fakultäten geleistet werden konnten. Dabei sollte einerseits die Auflösung der nicht in einzelne Disziplinen, sondern nach Studiengangsgruppen bzw. „Grundwissenschaften" gegliederten Fachbereiche der Pädagogischen Hochschule kompensiert werden; andererseits sollten solche Forschungs-, Lehr-, Entwicklungs-, Koordinations- und Organisationsaufgaben darunter verstanden werden, die in der Uni-

---

1   Beschluss des Gründungssenats der Universität Bielefeld November 1970; zitiert nach: Möhle 1994, 242.
2   Am Standort Bielefeld handelte es sich um die Abteilung Bielefeld der Pädagogischen Hochschule Westfalen-Lippe.

versität Bielefeld schon in der Gründungsphase unter dem Stichwort „Querstrukturen" diskutiert und eingefordert worden, jedoch nicht umgesetzt worden waren.

Der letztlich konsensfähige Vorschlag für die Ausgestaltung der neuen Querstruktur wurde anhand eines Katalogs verschiedener Problemfelder erarbeitet, die bei der zukünftigen Organisation der Lehrerausbildung an der Universität Bielefeld nach der Zusammenführung zu bewältigen waren:

- Lehre (einschließlich der fachdidaktischen Anteile) und einschlägige fachliche und fachdidaktische Forschung sollten nicht in eine neue Einrichtung ausgelagert werden, sondern weiterhin grundständig in den Fakultäten als den strukturellen Grundeinheiten verankert bleiben.
- Für die Selbstverwaltung wurden eine zentrale Lehrerausbildungskommission (LABK) mit weitgehenden Befugnissen neben dem Senat vorgeschlagen und Kommissionen für die Primarstufenausbildung; ferner sogenannte Studiengangskommissionen, die neue Studienordnungen für die Lehramtsstudiengänge zu erarbeiten hatten. Alle Kommissionen sollten paritätisch aus Mitgliedern beider Hochschulen gebildet werden.[3]
- Für eine Reihe von fakultätsuntypischen oder fakultätsübergreifenden Aufgaben wurde eine zentrale wissenschaftliche Einrichtung vorgesehen. An dieser Einrichtung sollte – unbeschadet des Vorrangs der Fakultäten – eine solche, für die Lehrerbildung einschlägige, fächerübergreifende und interdisziplinär orientierte Forschung und Entwicklung verankert werden, die sich auf Desiderate der Bildungspolitik bezog. Die Einrichtung sollte ferner personelle und sachliche Ressourcen für Serviceaufgaben erhalten. Leitvorstellung dafür war, dass das Zentrum alle Aktivitäten zur Integration der fachlichen, fachdidaktischen, erziehungswissenschaftlichen und schulpraktischen Ausbildungskomponenten durch Kooperation mit den Fakultäten, den übrigen zentralen Einrichtungen und der Lehrerausbildungskommission initiieren sowie unterstützen sollte.

Nachdem im Juni 1980 vom damaligen Wissenschaftsministerium die Zusage gekommen war, den Aufbau der Zentralen Einrichtung durch Zuweisung von Stellen zu stützen, nahm diese mit der Bestellung eines Aufbaubeauftragten im Juli 1980 ihre Arbeit auf. Die ursprünglich geplante Stellenausstattung für das Zentrum war eindeutig auf ein Institut mit klarem Forschungs- und Entwicklungsauftrag gerichtet. Allerdings ließ sich angesichts der zunehmend deutlicher werdenden und schließlich auch öffentlich erklärten Absicht des Landes, mit der

---

3 Diese Anregungen wurden auch in die Beratungen des Wissenschaftsausschusses des Landtags eingebracht und in die endgültige Fassung des Zusammenführungsgesetzes von 1980 aufgenommen. Die Vorschrift galt allerdings nicht für die Hochschulen, zu deren Gründungsbestand bereits eine PH gehörte, – so die Gesamthochschulen und die Universität Dortmund.

Zusammenführung von Pädagogischer Hochschule und Universität vorrangig Kapazitätsabbau und Stelleneinsparungen statt Verbesserung der Lehrerausbildung zu betreiben, diese Aufbauplanung nicht annähernd realisieren. Die ersten Aktivitäten richteten sich zwar noch darauf, einen Überblick über geplante Forschungsaktivitäten im Sinne der Aufgabenstellung des Zentrums zu gewinnen. Nachdem jedoch angesichts der Haushaltsentwicklung in den Jahren 1981/82 mit ersten drastischen Kürzungen der Hochschulhaushalte deutlich wurde, dass die neue zentrale Einrichtung nicht über Mittel und besetzbare Stellen verfügte, die die Durchführung der rund 30 angemeldeten Projekte ermöglicht oder zumindest unterstützt hätte, ließ das Interesse an und die Möglichkeit zur Forschung rapide nach. Die Idee, mit der zentralen Einrichtung zugleich einen Kulminationspunkt für solche disziplinübergreifenden und anwendungsbezogenen Forschungsvorhaben zu gründen, die einschlägig für die Lehrerausbildung sind, kam deshalb bereits in der Anfangsphase nicht zum Tragen und die Fakultäten selbst zeigten in der Regel keine erkennbaren Bemühungen, diese Forschung ihrerseits durch geeignete Strukturmaßnahmen zu fördern.

Die Planungen für den Aufbau und die Binnenstruktur der zentralen Einrichtung wurden im Zuge dieser Diskussionen grundlegend revidiert. Um eine faktische Konkurrenz zu den Fakultäten zu verhindern, wurden die Aufgaben des geplanten „Zentrum(s) für die Lehrerausbildung und für das Berufsfeld Schule – ZELBS" detailliert und eng gefasst; der Senat der Universität grenzte die Aufgabenstellung der geplanten zentralen Einrichtung im Errichtungsbeschluss deutlich ein. In dem im Januar 1982 vom Senat nach zweijährigen Diskussionen verabschiedeten Errichtungsbeschluss für die zentrale Einrichtung – nunmehr mit der Bezeichnung „Zentrum für Lehrerbildung (ZfL)" – stand der Dienstleistungsauftrag eindeutig im Vordergrund. Das ZfL sollte für die Lehrerausbildung und das Berufsfeld Schule insgesamt Dienstleistungs-, Entwicklungs- und Forschungsaufgaben übernehmen (und zwar in dieser gegenüber der ursprünglichen Planung nunmehr umgekehrten Reihenfolge). Zudem sollte die Einrichtung insbesondere für die Primarstufe tätig werden. Es war damals bereits absehbar (und ist in der Rückschau offensichtlich), dass diese Gewichtung nicht nur der Fürsorge für die Primarstufenausbildung gelten konnte, sondern zugleich zu ihrer Abgrenzung von der universitären Sekundarstufen- bzw. Gymnasial-Lehrerausbildung beitragen sollte, wobei diese möglichst unberührt von einer „Didaktisierung und Pädagogisierung" bleiben und dominant fachwissenschaftlich geprägt sein sollte.

Durch Errichtungsbeschluss des Senats und grundlegende Strukturbeschlüsse der LABK wurden die Aufgaben des ZfL in „Arbeitsbereichen" und „Themenschwerpunkten" zusammengefasst. Diese Begriffe sind nicht trennscharf, sie

decken auch nicht das ganze Spektrum der zugewiesenen Aufgaben ab. Verein-
facht lässt sich sagen:

- *Arbeitsbereiche* wurden vor allem definiert durch solche rechtlich definier-
  ten Aufgaben der Universität, die wegen ihres fakultätsübergreifenden
  Charakters eines zentralen Ortes bedürfen. Hierzu gehörten neben der Be-
  ratung von Gremien und speziell der Geschäftsführung für die LABK:
  - Primarstufe
  - Schulpraktische Studien
  - Lehrerfortbildung (bis 1995)
  - Studieninformationsmanagement (seit 1995)
  - Zwischenprüfungsamt für Lehramtsstudiengänge (seit 1998).

- *Themenschwerpunkte* markieren darüber hinaus Defizite bzw. Desiderate in
  der Lehrerbildung, die nur durch fachübergreifende Kooperation von Fachwissenschaften, Fachdidaktiken und der Erziehungswissenschaften bearbeitet werden können und deswegen keinen festen institutionellen Ort in einer
  der nach dem Fachprinzip aufgebauten Fakultäten haben:
  - Lernbereiche des Sachunterrichts
  - Übergang Schule/Arbeitswelt
  - Migration (bis 1998).

Die schließlich gefundene Struktur- und Aufgabenbeschreibung machte deutlich,
dass es sich bei der neuen Einrichtung weder um ein neues zentrales Forschungsinstitut handelt noch um eine Einrichtung mit studiengangsbezogenen Lehraufgaben. Vielmehr sollte das ZfL durch die Verankerung von fakultätsübergreifenden Dienstleistungsaufgaben dafür sorgen, dass eine zentrale Anlaufstelle für
vielfältige Fragen und Probleme in der Lehreraus-, Fort- und Weiterbildung aufgebaut wird. Diese Aufgabenzuweisung wird auch deutlich in der Terminologie
der Aufgabenbeschreibung, wo Begriffe wie ‚unterstützen' und ‚beraten', aber
auch ‚koordinieren' und ‚initiieren' verdeutlichen, dass es sich beim ZfL um eine
Anlaufstelle handelt, die bereits im Vorfeld auftauchender Probleme tätig werden
sollte. Die Dienstleistungsaufgaben sollten jedoch in enger Zusammenarbeit mit
den Fakultäten von Forschungs- und Entwicklungsprojekten begleitet und ge-
stützt werden; das ZfL hat seit seiner Gründung kontinuierlich in erheblichem
Umfang Drittmittel eingeworben für Forschungsprojekte in den als Desideraten
der Lehrerbildung bezeichneten Arbeitsbereichen und Themenschwerpunkten.[4]

4　Die Verknüpfung von umfangreichen Dienstleistungsaufgaben mit Entwicklung und Forschung
　war auch deswegen möglich, weil das ZfL eine – im Vergleich zu später gegründeten Zentren –
　gute Ausstattung hatte: 2 C3-Professuren (je eine in den Themenbereichen Sachunterricht und
　Übergang Schule/Arbeitswelt), vier wiss. Mitarbeiterstellen, in der Regel zwei bis drei abgeord-

Maßgeblich für die erfolgreiche Arbeit war die enge Verknüpfung von ZfL und LABK. Um die Einbindung des ZfL in die Struktur und Aufgabenstellung der Universität zu gewährleisten, wurde die LABK vom Senat als Leitungsgremium (Kuratorium) eingesetzt. Die zentralen Elemente der Querstruktur bestanden demnach in der LABK, die faktisch in Angelegenheiten der Lehrerausbildung (nahezu) gleichberechtigt neben dem Senat stand, und dem ZfL als „Arbeitsinstitut" der LABK. Das ZfL hatte dementsprechend als eine wichtige Aufgabe die Geschäftsführung und wissenschaftliche Beratung der LABK zu übernehmen.

Aufgrund einer Änderung im Hochschulrecht wurde Mitte der 1990er Jahre die Einrichtung eines Vorstandes erforderlich. Um die bewährte Struktur zu erhalten, wurden in einer neuen Satzung die Mitglieder der LABK zu Mitgliedern des ZfL von Amts wegen erklärt; damit wurden die professoralen Mitglieder der LABK zusammen mit den am ZfL auch stellenmäßig verankerten Professoren bzw. Professorinnen Mitglieder des ZfL-Vorstandes. Der jeweilige Prorektor für Lehre – von Amts wegen Vorsitzender der LABK – wurde zum jeweiligen Vorstandsvorsitzenden gewählt.

Mit der erstmaligen Besetzung der beiden Professuren (die in den 1980er Jahren einer Haushaltssperre unterlagen) und mit einer einstimmig vom Senat verabschiedeten, 1993 in Kraft getretenen Satzung wurde der langwierige, aber erfolgreiche Aufbauprozess zunächst abgeschlossen und zugleich bestätigt, dass sich das ZfL in der Universität Bielefeld seiner komplexen und schwierigen Aufgabe erfolgreich unterzogen hatte.

Während der Aufbauprozess in Bielefeld abgeschlossen wurde, begannen (Ende der 1980er Jahre) an anderen Standorten Überlegungen zum Aufbau von Querstrukturen und Zentren für Lehrerbildung, und seit Mitte der 1990er Jahre führte in NRW ein Modellversuch zur Errichtung von „Zentren für Lehrerbildung" dazu, dass im Jahr 2004 an allen lehrerausbildenden Hochschulen in NRW Zentren bestehen – die sich aber ungeachtet des gleich lautenden Namens und Ähnlichkeiten hinsichtlich des Auftrags vor allem in der Ausstattung und bei der Einbindung in die jeweilige Hochschule erheblich unterscheiden. Zwar finden sich bei nahezu allen Neugründungen von Zentren für Lehrerbildung in NRW – und darüber hinaus bundesweit – in der Aufgabenbeschreibung die auch für das Bielefelder ZfL typischen Begriffe wie ‚unterstützen' und ‚beraten', aber auch ‚koordinieren' und ‚initiieren'. Die Besonderheit in Bielefeld besteht aber nicht in erster Linie darin, bereits 1980 ein Zentrum für Lehrerbildung mit solchen Initiativfunktionen gegründet zu haben, wie sie heute typisch zu sein scheinen, sondern in der wirkungsvollen Querstruktur mit Entscheidungskompetenzen

---

nete Lehrkräfte und bis zu vier Stellen im nichtwissenschaftlichen Bereich für Sachbearbeitungsaufgaben.

bei den neu geschaffenen Selbstverwaltungsorganen. Im Gegensatz zu den meisten anderen lehrerausbildenden Hochschulen in NRW hatte die im Zusammenführungsgesetz verankerte und 1980 eingerichtete LABK an der Universität Bielefeld von Anfang an eine wichtige und akzeptierte Rolle bei der Neuordnung der Lehrerausbildung in Folge der Zusammenführung.

Auf die Ausgestaltung der Aufgabenbereiche und Themenschwerpunkte durch das ZfL kann hier nicht im Einzelnen eingegangen werden[5], sondern die Verankerung von Fachdidaktik und „Schulpraktischen Studien" wird exemplarisch dargestellt, weil diese nur über die neue Querstruktur durchsetzbar war. *Fachdidaktik* und *Schulpraktika* waren zentrale Elemente der Lehrerausbildung in der Tradition der Pädagogischen Hochschule, die es in der universitären Lehrerausbildung faktisch nicht gab (oder allenfalls als gelegentliche experimentelle Projektangebote durch einzelne Lehrende). Schulpraktische Studien – konzeptionell der Ausbildungstradition für das Lehramt an Volksschulen zuzurechnen, das keinen Vorbereitungsdienst kannte – und obligatorische fachdidaktische Ausbildungsanteile haben erst über das Lehrerausbildungsgesetz (LABG) von 1979 und die Ordnung der „Ersten Staatsprüfungen" für Lehrämter an Schulen (LPO) von 1981 landesweit auch in die traditionell universitären Lehramtsstudiengänge Eingang gefunden. Diese Änderungen der rechtlichen Vorgaben bedeuteten einen tief greifenden Wechsel der Rahmenbedingungen für Studium und Prüfung. Wenngleich alle Universitäten der LPO kritisch bis ablehnend gegenüber standen, ergab sich mit der Umsetzung der grundlegend geänderten rechtlichen Vorgaben in der Situation nach der Zusammenführung die Chance, die neue Querstruktur zu erproben und zu entwickeln.

Die LABK hatte nach dem Zusammenführungsgesetz u. a. über die Lehramtsstudienordnungen zu entscheiden und war zuständig für die Organisation der schulpraktischen Studien. Die Neuorganisation der Studiengänge nach der Zusammenführung erforderte, dass sich die LABK im Detail mit den Vorstellungen der Fakultäten auseinandersetzte; sie konnte ihrerseits konzeptionelle Vorstellungen zur Reform der Lehrerausbildung für alle Stufen einbringen. Hierzu gab die LABK den Fakultäten anhand von „Leitlinien für Lehramtsstudienordnungen" einen Ordnungsrahmen vor, der im Wesentlichen nur noch für die spezifischen Inhalte des Fachs Raum ließ. Die konzeptionellen Diskussionen konnten sich deshalb auf den Stellenwert von Fachdidaktik und Schulpraktischen Studien konzentrierten. Die zahlreichen Gespräche, die zur Umsetzung dieses Konzepts notwendig waren, wurden überwiegend von Mitarbeitern des ZfL geführt, so dass hier ein wesentlicher Teil der Ressourcen gebunden war. Festzuhalten ist aus dieser Entwicklung, dass der neu zu strukturierende Lehramtsbe-

---

5   Eine tabellarische Übersicht befindet sich im Anhang.

reich durch die konzentrierte Umsetzung der LPO und die Einführung vergleichbarer Studienordnungen nach wenigen Jahren wesentlich klarer organisiert war als die Studiengänge mit Diplom- oder Magisterabschluss.

Zu den Aufgaben der Neuorganisation gehörte die Einführung der verpflichtenden Schulpraktika für alle Lehramtsstudiengänge. Nach einem von der LABK vorgegebenen Stufenplan wurden diese innerhalb von wenigen Jahren für jedes Unterrichtsfach und für das erziehungswissenschaftliche Studium eingeführt. Das bedeutete, dass vom ZfL in Kooperation mit den Fakultäten zeitweise für bis zu 3.000 Praktika pro Jahr Plätze eingeworben und koordiniert werden mussten. Die Koordinierung der Schulpraktika gehörte zu den schwierigsten Aufgaben des ZfL, denn in der ersten Hälfte der 1980er Jahre mussten nicht nur die unterschiedlichen Studiengangssysteme aus alter Universität und ehemaliger PH auslaufend bedient, sondern auch die neuen Studiengänge parallel aufgebaut werden.

Was an Praxisstudien nach welcher Ordnung von wem zu absolvieren und wo zu verrechnen war, blieb der überwiegenden Anzahl der Lehrenden offensichtlich unklar (wie umfangreiche Korrespondenzen aus dieser Zeit zeigen), so dass vom ZfL umfangreiche Beratungen für Fakultätsgremien, Lehrende und Studierende zu bewältigen waren. Derartige Informationsdefizite waren (und sind) in der Lehrerausbildung allerdings nicht auf Regelungen für Schulpraktika beschränkt, sondern beruhen nicht zuletzt darauf, dass stets – je nach Studienbeginn der einzelnen Studierenden – parallel nach zwei bis drei teils grundverschiedenen Prüfungsordnungen auszubilden war und ist. Hinzu kommt, dass die Lehrenden in der Regel bestenfalls die Bestimmungen der Studienordnung(en) in ihrem eigenen Fach überblicken und dazu neigen, auch Lehramtsstudierende nur als studiengangsunspezifische Fachstudenten wahrzunehmen.

Vor dem Hintergrund dieser Erfahrungen waren der Aufbau der Schwerpunkte „Information und Beratung" und später „Studieninformationsmanagement" eine nahe liegende Konsequenz. Während in den Fakultäten in der Regel die Sichtweise auf das Studium vorrangig aus der Perspektive der einzelnen Disziplinen und nicht mit Blick auf den von Studierenden geplanten Abschluss erfolgte, konzentrierte sich das ZfL auf die Perspektive der Studierenden, die einen Lehramtsabschluss anstreben und dafür jeweils drei bzw. vier Studiengänge nebeneinander zu absolvieren haben. Entsprechend berät das ZfL die Studierenden (aber auch Mitglieder der Fakultäten, Gremien und Verwaltung der Universität) im Lehramtsbereich in allen studiengangsübergreifenden Fragen von der Arbeitsmarktentwicklung für die Studienentscheidung über die Studienplanung aufgrund der jeweils geltenden Rechtsvorschriften bis zur Prüfungsvorbereitung.

Dennoch ist dies nur eins unter vielen Informations- und Beratungsangeboten.[6]
An der Studienberatung und -information wirken eine Vielzahl von Institutionen
und Personen mit: Zentrale Studienberatung (ZSB), Studienberater der Fakultäten, Lehrende im Rahmen ihrer Sprechstunden, studentische Fachschaften, aber
auch das Referat für Presse und Öffentlichkeitsarbeit in der Information von
Studieninteressenten, ebenso das Studierendensekretariat, das auch Anlaufstelle
ist bei Fach-, Hochschul- und Studiengangswechslern. Und nicht zuletzt berät
und informiert das Staatliche Prüfungsamt nicht nur in unmittelbaren Prüfungsangelegenheiten, sondern gegebenenfalls auch in der Studienverlaufsplanung.

Die von den genannten Personen und Institutionen verwendeten Informationsmaterialien, die teils selbst entwickelt wurden, sind in der Regel in mehrfa-
cher Hinsicht defizitär: Sie sind häufig nur auf ein Fach bzw. einen Studiengang
bezogen und erfassen damit nicht die Studiensituation im Lehramt. Häufig sind
die Materialien hinsichtlich der Rechtsgrundlagen nicht aktuell, unvollständig
und/oder sachlich falsch. Eine formalisierte Kooperation und Koordination zwischen der Vielzahl der Beteiligten besteht kaum.

Bereits 1995 wurde – angesichts der neuen Möglichkeiten, die das Internet
bot – vom ZfL ein Projekt zur Verbesserung und Aktualisierung der Informati-
onsgrundlagen initiiert, das vom Rektorat mit zusätzlichen Mitteln ausgestattet
wurde. Im Rahmen dieses Projekts wurden die relevanten Rechtsgrundlagen –
Gesetze, Verordnungen, vor allem aber Studienordnungen und Studienpläne für
alle Fächer – digital erfasst und über das Internet zur Verfügung gestellt.

Mit dem in den folgenden Jahren aufgebauten Bielefelder Informationssys-
tem (BIS) und dem hierauf basierenden elektronischen Vorlesungsverzeichnis
(eKVV) wurde das (kommentierte) Vorlesungsverzeichnis der Universität über
das Internet zugänglich gemacht. Verknüpfungen zwischen Studienordnungen,
Studienplänen und jeweiligem Lehrangebot für das laufende Semester ermöglichen die komfortable Erstellung individueller Stundenpläne für das jeweilige
Semester. Änderungen und Ergänzungen werden laufend aktualisiert. Der Ausbau dieses Informationsdienstes ermöglicht nicht nur zeitsparend aktuelle und
vollständige Informationen für Studierende und Beratende, sondern bietet auch
neue Recherchemöglichkeiten, die zur Optimierung individueller Studienplanung
führen können. So wird seit kurzem über eine (anonymisierte) Auswertung von
mehreren Tausend Stundenplänen und Abgleich mit den Studienverlaufsplänen
für die jeweiligen Fächerkombinationen eine Bedarfsermittlung für das Lehrangebot vorgenommen. Zugleich wird damit die Voraussetzung für ein mindestens

---

6   Die Auswertung einer Hochschulbefragung des nordrheinwestfälischen Wissenschaftsministeri-
     ums zu „Organisation und Transparenz der Lehrerausbildung" (MWF IA4 6032 vom 11.8.1994)
     wies als durchgängiges strukturelles Defizit Mängel in der Studieninformation und Studienbera-
     tung auf.

hinsichtlich der Pflichtveranstaltungen in den Fächern überschneidungsarmes Lehrangebot geschaffen. Vom ZfL aus wurde von Anfang an die zeitliche Koordination der Primarstufenausbildung initiiert. Wegen des gleichzeitigen Studiums in vier Teilstudiengängen mit Lehrangeboten aus bis zu neun beteiligten Fakultäten war dies zwingend notwendig, aber auch möglich, weil durch die geringe Zahl von nur sieben Wahlfächern die möglichen Fachkombinationen überschaubar blieben. Dies war für die SI- und SII-Studiengänge an der Universität Bielefeld mit mehr als 60 möglichen Fächerkombinationen nicht realisierbar. Seit einigen Jahren wird hierzu eine im ZfL weiter entwickelte Software[7] eingesetzt, die über die Verknüpfung zwischen den Studienplänen für bestimmte Fächerkombinationen und dem verfügbaren Lehrangebot eine zeitliche Koordinierung der Pflicht- und Wahlpflichtveranstaltungen ermöglicht.

Der Überblick über Entwicklung und Schwerpunkte kann hier nur kursorisch sein. Es ist aber keine Frage, dass durch die 1980 eingeführte Querstruktur zur Absicherung und Entwicklung der Lehrerausbildung das Studium selbst und die Studiensituation für Lehramtsstudierende nachhaltig verbessert werden konnten. Zugleich sind mit der Entwicklung der Querstruktur aber auch die Grenzen der Optimierung deutlich geworden. Die genannten Aufgaben im Bereich der Studienorganisation und Studieninformation ließen sich zwar aus der Perspektive von Lehramtsstudierenden entwickeln, mussten aber stets so umgesetzt werden, dass das gesamte Lehrangebot der Universität berücksichtigt wurde, denn ein erheblicher Teil der Lehrerausbildung an der Universität Bielefeld (und an den meisten anderen Universitäten) findet auf der Grundlage geöffneter Lehrveranstaltungen statt. Zugleich wurde immer deutlicher, dass durch das ausufernde Regelwerk des Schulministeriums die Lehrerausbildung nicht an Qualität gewinnen konnte, sondern zunehmend in eine Sackgasse geriet.

Die Bewerbung um die Teilnahme am Modellversuch „Konsekutive Lehrerausbildung" war deshalb ein konsequenter Schritt. Mit der Bewilligung des Antrages der Universität Bielefeld konnte eine grundlegende Studienstrukturreform eingeleitet werden. An die Stelle des kaum überschaubaren Nebeneinanders von Diplom-, Magister- und Lehramtsstudiengängen ist eine einheitliche konsekutive Studienstruktur getreten. Sie verzichtet (von wenigen Ausnahmen abgesehen) auf eine äußere Differenzierung nach Abschlussarten; stattdessen wurde eine in „Profilen" zum Ausdruck kommende innere Differenzierung eingeführt. Die auf der Grundlage einer für alle Studierenden in einem Fach weitgehend gemeinsamen „Fachlichen Basis" zu absolvierenden Profilstudien richten sich dabei auf unterschiedliche Tätigkeitsfelder. Der Anspruch, spezifisch für die Schule auszubilden, wird damit selbstverständlich nicht aufgegeben, aber die

---

7   S-Plus von der Firma Scientia.

Studierenden haben die Option, ihre Entscheidung erst studienbegleitend zu treffen.

Das Zentrum für Lehrerbildung war an der Konzeption des Bielefelder Modells maßgeblich beteiligt und ist in die Steuerungsgruppe integriert. Während ein Teil der bisherigen Aufgaben des ZfL weiter besteht, fallen andere inzwischen weg (z. B. entfällt der Bedarf für die Organisation der Zwischenprüfungen in Lehramtsstudiengängen) und werden durch neue Aufgaben ersetzt: Das ZfL wird gemeinsam mit dem Staatlichen Prüfungsamt ein Zulassungsverfahren vom „Bachelor"-Studium zum Studium des „Master of Education" aufbauen und organisieren. Geplant ist, dieses Masterstudium an eine Einrichtung neuen Typs anzugliedern, eine „Professional School". Für diese (zunächst „virtuelle", d. h. ohne eigene Stellen arbeitende) Einrichtung soll das ZfL die Infrastruktur bereitstellen. Es mag sein, dass das ZfL nach einigen Jahren der Erprobung in dieser Struktur aufgeht.

Aus reichlich 20 Jahren Erfahrung mit dem Aufbau und der Entwicklung eines Zentrums für Lehrerbildung lässt sich vor allem eines ableiten: Es gibt kein „Patentrezept", wie auf jeweils neue und teils unvermutete, teils altbekannte Probleme zu reagieren ist. Voraussetzung für den Erfolg eines ZfL ist immer die Bereitschaft, in der Universität insgesamt Lehrerausbildung als eine eigenständige und – auch gemessen an der Zahl der Studierenden – maßgebliche Aufgabe zu betrachten. Dazu gehört auch die Einsicht, dass Lehrerausbildung nicht definiert werden kann aus den faktisch kleinen Anteilen Fachdidaktik, Erziehungswissenschaft und Praxisstudien, sondern aus der Gesamtperspektive einer wissenschaftlichen, berufsbezogenen Ausbildung. Die Auslagerung von Zuständigkeiten für die Lehrerbildung und auch die Zuordnung des entsprechenden Personals zu einem Zentrum mögen gerade für in der Lehrerbildung tätige Personen und für die auf Staatsaufsicht bedachte Schuladministration attraktiv erscheinen, dies birgt aber sicher die Gefahr, die Lehrerausbildung zu isolieren.

Literatur

Möhle, V. (1994): Lehrerbildung. In: P. Lundgreen (Hrsg.): Reformuniversität Bielefeld 1969-1994. Zwischen Defensive und Innovation. Bielefeld: Verlag für Regionalgeschichte, 235-259.

Anhang

Tätigkeitsbereiche des ZfL der Universität Bielefeld
(Stand: Dezember 2003)

1. **Aufgaben im Bereich der Studienstrukturreform (konsekutive Studiengänge)**

   - Bachelor:

     - Verwaltungs- und Rechtsverfahren;
     - Vertretung in Gremien: Koordinationsgruppe der Verwaltung; AG Lehramtsreform; AG Konsekutive Studiengänge;
     - Studiengangskonzeption: Beratung bei der Entwicklung von fachspezifischen Bestimmungen; Beratung bei der Konzeption des Studiengangs „Lernbereich Naturwissenschaften" und des Studiengangs „Lernbereich Gesellschaftswissenschaften".

   - Master:

     - Verwaltungs- und Rechtsverfahren;
     - Mitarbeit in der Master-AG; Vertretung in Gremien;
     - Professional School: Prüfungsorganisation; Verwaltung des Studienabschnitts (im Auftrag der Fakultäten); innere Organisation und Gremienbetreuung.

2. **Praxisstudien**

   - Praxisphasen BA/MA:

     - Organisation schulischer Praxisstudien;
     - Einwerbung von Lehrbeauftragten;
     - Beratung bei der Entwicklung von Konzeptionen für schulische Praxisstudien; Workshops mit Lehrbeauftragten und abgeordneten Lehrkräften; Reader bzw. Hypertext „Orientierende Praxisstudien"; Entwicklung und Aufbau einer Praxisbörse.

   - Assistant Teacher:

     - Konzeptentwicklung und Projektmanagement; regionale und ministerielle Arbeitsgruppen.

3. **Forschungsschwerpunkte**

- Lehrerprofessionsforschung in Verbindung mit Praxisstudien: Einrichtung von Promotionsstellen;
- Koordinationsstelle für fachdidaktische Forschung; Berufsorientierung und Arbeitswelt (Aufbau internationaler Kooperationen); Organisation und Durchführung von Fachtagungen;
- Didaktik des Sachunterrichts (z. B. Curricula/Standards im internationalen Vergleich).

4. **Lehre**

- Beiträge zu Fachdidaktik für Sachunterricht, Sozialwissenschaften, Geschichte; Naturwissenschaften.

5. **Beratung, Entwicklung und Bereitstellung von Lehrangeboten im Bereich Neuer Medien**

- Intel-Fortbildung: Organisation und Konzeption; Durchführung von Lehrveranstaltungen;
- mediendidaktische Werkstatt: Betreuung Medienportfolio;
- Projekt „Workshop Lernsoftware-Entwicklung";
- Projekt mit der Bertelsmann-Stiftung „e-teaching@university".

6. **Publikationen**

- „SoWi online" und „Sachunterricht online": Mitherausgabe, Webauftritt; Konzeption, Organisation; Autorentätigkeit;
- Lehrplandatenbank Sachunterricht;
- Projekthomepage „Berufsorientierung und Lebensplanung";
- Homepage Schule, Wirtschaft/Arbeitsleben für das entsprechende BMBF-Programm, Datenbankmanagement; Mitherausgabe „Geschichte lernen".

7. **Zwischenprüfungsamt – Organisation und Abwicklung der Zwischenprüfungen**

- (auslaufend)

8. **Verwaltung und Organisation des ZfL**

- Leitung und Geschäftsführung, Sekretariate, Sachbearbeitung;
- Serverbetreuung und Internet-Anwendungsentwicklung, Rechnerbetreuung.

9. Sonstige Dienstleistungen

- Gremienarbeit und Zuarbeit für Gremien (Geschäftsstelle der LABK – zukünftig: gemeinsamer beschließender Ausschuss –, Geschäftsstelle der SU-Kommission; in der Nachfolge Geschäftsstelle der Kommission für Naturwissenschaft bzw. für Gesellschaftswissenschaft);
- Bildungsberatung (für Rektorat, Studienseminare, Bezirksregierung, Schulministerium, Wissenschaftsministerium);
- EDV- und Informationsmanagement (Außendarstellung des konsekutiven Studienmodells; Bereitstellung von Planungstools zur Koordination des Lehrangebots; Entwicklung von webbasierten Verfahren des Praktikumsmanagements;
- Studierendenberatung (allg. Studienberatung; alte Lehramtsstudiengänge; Bachelor/Master-Studiengänge);
- Organisation der Staatsexamensfeier.

Das Zentrum für empirische Unterrichts- und Schulforschung – Kern einer neuen Konzeption der Lehrerbildung an der Universität Göttingen

Doris Lemmermöhle, Roland Brünken

Das Zentrum für empirische Unterrichts- und Schulforschung (ZeUS) der Georg-August-Universität Göttingen ist ein interdisziplinärer Zusammenschluss von Erziehungswissenschaft, Pädagogischer Psychologie und einigen Fachdidaktiken. Es verfolgt die Intention, die empirische Unterrichts- und Schulforschung am Standort Göttingen zu intensivieren, den wissenschaftlichen Nachwuchs in den Fachdidaktiken, der Schulpädagogik und Pädagogischen Psychologie zu fördern und die Qualität der Lehrerbildung an der Universität Göttingen zu verbessern.

Das ZeUS ist im Unterschied zu anderen, zum Teil seit Beginn der 1970er Jahre existierenden Zentren für Lehrerbildung an anderen Universitäten ein sehr junges Zentrum. Es wurde im Sommersemester 2002 eröffnet und verdankt seine Entstehung nicht einer gesetzlichen Vorschrift, sondern der Initiative der Universität Göttingen. Die Gründung des Zentrums, seine Struktur und seine inhaltliche Ausrichtung basieren auf den spezifischen Rahmenbedingungen und Problemen der Lehrerbildung am Standort Göttingen und auf den Ergebnissen der in den letzten Jahren in Niedersachsen erstmalig in einem Bundesland durchgeführten flächendeckenden Evaluation der Lehrerbildung in Lehre, Studium und Forschung.[1] Die Gründung des ZeUS und seine Ausrichtung stehen darüber hinaus in unmittelbarem Zusammenhang mit der Neuorganisation des Studiums durch den Bolognaprozess, durch den die bereits weit vorher begonnene Diskussion um die Reform der Lehrerbildung intensiviert und in gewisser Weise kanalisiert wurde.[2] Seine gesellschaftliche Bedeutung gewinnt ein solches Zentrum aber auch dadurch, dass der (gerade wieder aktualisierte) „PISA-Schock" die Reformbedürftigkeit des deutschen Schulwesens alarmierend sichtbar gemacht hat

---

1 Die Evaluation von Lehre und Studium in den Grundwissenschaften „Lehramt an Gymnasien" erfolgte 2000 durch die Zentrale Evaluations- und Akkreditierungsagentur (ZEvA) Niedersachsen, die Evaluation der Forschung in den Berufswissenschaften Lehramt durch die Wissenschaftliche Kommission Niedersachsen 2001.

2 Siehe dazu die Überlegungen der KMK (Terhart 2000) und des Wissenschaftsrats.

und zugleich auf die Bedeutung empirischer Unterrichts- und Schulforschung und auf die Notwendigkeit der Professionalisierung der Lehrertätigkeit hingewiesen hat.[3]

Das Zentrum für empirische Unterrichts- und Schulforschung der Universität Göttingen ist der Kern einer forschungs- und berufsfeldbezogenen Konzeption der Lehrerbildung und es enthält neben einem Forschungsausschuss auch eine auf Studium und Lehre ausgerichtete Kooperationsstelle. Um das Gesamtkonzept des ZeUS zu begründen, muss zunächst auf einige spezifische Rahmenbedingungen am Standort Göttingen sowie auf einige, allerdings nicht nur Göttingen-spezifische Probleme der universitären Lehrerbildung eingegangen werden.

1. Rahmenbedingungen der Lehrerbildung an der Universität Göttingen

Die Universität Göttingen nimmt in Niedersachsen für die Ausbildung von Lehrkräften eine besondere Position ein. Als einzige Universität in Niedersachsen konzentriert sie sich – neben der Ausbildung von Handelsschullehrer/innen – auf die gymnasiale Lehrerbildung. Der Studiengang „Lehramt an Grund- und Hauptschulen" wurde in Göttingen 1984 geschlossen, der Studiengang „Lehramt an Realschulen" 1987. Die bis dahin Teile der Lehrerbildung und insbesondere ihre Berufsfeldbezogenheit engagiert vertretende Fakultät für Erziehungswissenschaft wurde 1999 aufgelöst.

Als klassische Volluniversität vertritt die Universität Göttingen mit insgesamt 21 unterrichtsrelevanten Fächern in acht Fakultäten ein für die Lehrerbildung ausnehmend breites Fächerspektrum, und dies, obwohl mit etwa 2.000 Studierenden nur ca. 8% der Studierenden in Göttingen für das Lehramt an Gymnasien eingeschrieben sind. Bezogen auf das Land Niedersachsen werden rund 30% aller Studierenden für dieses Lehramt an der Universität Göttingen ausgebildet.

Die im Vergleich geringe Zahl an Lehramtsstudierenden verbunden mit dem breiten Fächerspektrum führt dazu, dass die Zahl der Lehramtsstudierenden in den einzelnen Fächern sehr unterschiedlich ist und der Lehrerbildung in einzelnen Fächern eine eher geringe Relevanz und damit auch knappe Ressourcen zugewiesen werden. Abgesehen davon haben es Studiengänge, die von vornherein auf einen außeruniversitären Berufsweg führen, an einer forschungsorientier-

---

3 So groß allerdings hätte der Schock nicht sein müssen, wenn bereits längst vorliegende Untersuchungsergebnisse zur Qualität der Schule die Aufmerksamkeit erhalten hätten, die ihnen auf Grund ihrer gesellschaftlichen Bedeutung hätte zukommen müssen.

ten Universität wie Göttingen schwerer als andere Studiengänge, eine angemessene Aufmerksamkeit zu gewinnen.

2. Von der Notwendigkeit eines neuen Konzepts für die Lehrerbildung

Maßnahmen zur inhaltlichen und organisatorischen Reform der Lehrerbildung können sich bisher nicht hinreichend auf empirisch gesicherte Daten zur Wirksamkeit und Nachhaltigkeit der Lehrerbildung oder auf abgesicherte Analysen einzelner Studienelemente stützen.[4] Sie müssen vielmehr auf die Plausibilität der Argumente und deren nachträgliche Überprüfung durch eine systematische Evaluation vertrauen. Bekannt sind allerdings eine Reihe von Problemen in der Lehrerbildung, die nicht Göttingen-spezifisch sind, sondern sich auch an anderen Standorten finden lassen, die wir im Folgenden kurz anführen.

2.1 Strukturelle Diffusion der Verantwortlichkeit

So hat es die Lehrerbildung auf verschiedenen Ebenen mit einer erheblichen Verantwortungsdiffusion zu tun. Auf der ministeriellen Ebene sind sowohl das Wissenschafts- als auch das Kultusministerium zuständig und deren Positionen stimmen bekanntlich nicht notwendigerweise überein. Zwischen den Ministerien und den Hochschulen bestehen ebenfalls Unklarheiten. Einerseits werden über die Prüfungsverordnungen Inhalte detailliert vorgegeben, andererseits wird den Hochschulen allein die Verantwortung für das Ergebnis zugeschrieben. Auf der universitären Ebene fühlen sich angesichts der Vielfalt der an der Ausbildung beteiligten Fächer und Fakultäten und deren ungleicher Beteiligung am Lehramtsstudium oft weder die einzelnen Fach- noch die Grundwissenschaften für die Lehrerbildung zuständig und verantwortlich. Gemeinsame Kommissionen oder Planungsstellen für das Lehramt können – so die Erfahrungen an der Universität Göttingen – trotz ihres Engagements vor allem auf Grund ihrer Verortung in der Hierarchie der Universität die Verantwortung nur unzureichend übernehmen bzw. notwendige Reformen nicht konsequent durchsetzen. Lehramtsstudierende erfahren diese Situation als Verunsicherung und finden an der Universität keinen institutionellen Ort der Identifikation.

---

4   Mit Oser/Oelkers (2001) liegen erste Ergebnisse zur Wirksamkeit der Lehrerbildungssysteme vor, die allerdings auf Selbstauskünften beruhen und nicht z. B. auf Testverfahren.

2.2 Zersplitterung des Lehramtsstudiums

Anders als in einigen anderen europäischen Ländern ist das Studium „Lehramt an Gymnasien" in Deutschland als Zweifachstudium organisiert. Nach der niedersächsischen Prüfungsverordnung (PVO) 98 (Niedersächsisches Kultusministerium 1998) dominieren im Studiengang „Lehramt an Gymnasien" mit einem Anteil von über 70% am Gesamtstudium die beiden unterrichtsrelevanten Fachwissenschaften. Den fachwissenschaftlichen Studienelementen wird zumeist ein hohes Niveau bestätigt. Dies darf aber nicht darüber hinwegtäuschen, dass die Fachwissenschaften in der Regel weder hinsichtlich ihrer Didaktik noch hinsichtlich der Relevanz der von ihnen vermittelten Inhalte für die Lehrerbildung evaluiert werden.

Die Fachdidaktiken, denen nicht selten eine randständige Position zugewiesen wird, sind nach der niedersächsischen PVO mit einem Anteil von etwa 8 bis 10% und die Grundwissenschaften mit etwa 20% zu studieren, wobei sich die Grundwissenschaften noch einmal auf 5 Fächer aufteilen: Pädagogik, Pädagogische Psychologie und das Wahlpflichtfach Politikwissenschaft, Soziologie oder Philosophie. Allein die Vielfalt der zu studierenden Fächer mit ihren Ausdifferenzierungen führt zu einer Zersplitterung des Studiums, zumal bisher ein integrierendes Curriculum nicht vorliegt.

Vom Umfang her und aus der Perspektive der Mehrzahl der Studierenden nehmen die Grundwissenschaften daher auch eine randständige Position ein. Das Studium der Grundwissenschaften, von dem die Studierenden in der Regel eher „Kochrezepte" denn theoretische Einsichten oder empirische Ergebnisse erwarten, wird in die Nischen verlagert, die die fachwissenschaftlichen Anforderungen lassen. Verständlicherweise weisen die Studierenden bei lehrbezogenen Evaluationen darauf hin, dass sie in den Grundwissenschaften keinen systematischen „roten Faden" erkennen können (vgl. dazu die Untersuchung von Göhmann/Kreitz/Lambrecht 2000).

2.3 Mangel an empirischer Unterrichts- und Schulforschung

Vor allem die Erziehungswissenschaft gilt als Kern des Lehramtsstudiums. Dies entspricht – wie aufgezeigt – weder ihrem Anteil am Lehramtsstudium noch ihrem Umfang an unterrichts- und schulbezogener Forschung. Theorien und Methoden der Unterrichts- und Schulforschung spielen im Lehramtsstudium eher am Rande eine Rolle, Examensarbeiten sind von der Prüfungsordnung her in der Erziehungswissenschaft nicht möglich. Dies ist zwar angesichts des geringen Stundenanteils am Studium verständlich, führt aber dazu, dass gerade in der

erziehungswissenschaftlichen Ausbildung kaum ein forschungsbezogener Zu-
gang zur schulischen Praxis erfolgt und sich ein über das Pflichtpensum hinaus-
gehendes Engagement in der schul- und unterrichtsbezogenen Forschung für die
Studierenden nicht auszahlt und daher auch nur in Ausnahmefällen erfolgt. Pro-
motionen von Lehramtsstudierenden finden in den jeweiligen Fachwissenschaften, nicht aber z. B. in der Erziehungswissenschaft statt. Dazu trägt allerdings
auch bei, dass die Grundwissenschaften in den 1970er und 1980er Jahren der
empirischen Unterrichts- und Schulforschung kein großes Gewicht beigemessen
haben. Dies ist neben dem bundesweiten Abbau schulpädagogischer und fachdidaktischer Stellen in den letzten Jahrzehnten auch einer der Gründe für den heute
beklagten eklatanten Mangel an schul- und unterrichtsbezogener Forschung und
an qualifizierten Nachwuchswissenschaftlern und -wissenschaftlerinnen.[5]

2.4 Das ungelöste Theorie-Praxis-Verhältnis

Der Praxisanteil am gymnasialen Lehramtsstudium beträgt in Niedersachsen seit
der letzten Novellierung der PVO 2003 achtzehn Wochen.[6] Obwohl die Kontro-
verse um das Theorie-Praxis-Verhältnis von Beginn an die Diskussion um die
Lehrerbildung durchzieht, ist bisher völlig unzureichend untersucht und geklärt,
was denn genau durch und in der Praxis gelernt wird oder doch gelernt werden
könnte und wie mit der Differenz zwischen wissenschaftlichem Wissen und
praktisch-pädagogischem Handlungswissen produktiv umgegangen werden kann.
Während Studierende sich von den Praktika und den sie vor- oder nachbereiten-
den Seminaren vor allem den Erwerb praktischen Handlungswissens erwarten,
ist sich die Wissensverwendungsforschung darüber einig, dass im universitären
Ausbildungskontext vor allem Reflexionswissen und Forschungskompetenzen
vermittelt werden können. Ohne die Differenz zwischen praktisch-pädagogischem Handlungswissen und wissenschaftlichem Wissen zu berücksichtigen, ist
von Praktika eher eine anpassende Wirkung denn die Fähigkeit zur systematischen, methodisch kontrollierten Reflexion der Praxis zu erwarten bzw. wird
wissenschaftliche Ausbildung mit Rezeptologie verwechselt. Der Kern des immer wieder kritisierten mangelnden Praxisbezugs im universitären Lehramtsstudium liegt u. E. vor allem im Defizit an schul- und unterrichtsbezogener Forschung in der universitären Ausbildung. Ohne Forschungsbezug zum Handlungs-

---

5   Dazu trägt u. a. auch bei, dass zumindest in Niedersachsen seit der letzten Novellierung der
    PVO fachdidaktische Examensarbeiten geschrieben werden können.
6   18 Wochen Praktika sind die Voraussetzung dafür, das Referendariat um ein halbes Jahr ver-
    kürzen zu können.

feld Schule bleibt die universitäre Lehrerbildung entweder ‚akademisch' abstrakt oder wissenschaftlich verbrämte Praxeologie" (Künzel 2001, 106).

2.5 Unzureichende Abgrenzung und Kooperation der Phasen

Auch am Standort Göttingen stehen – von einigen Ausnahmen abgesehen – die drei Phasen der Lehrerbildung weitgehend unverbunden nebeneinander. Sie sind nicht systematisch curricular verbunden bzw. die Tätigkeiten derjenigen, die die verschiedenen Phasen gestalten, sind nicht verlässlich aufeinander bezogen, sondern eher konkurrierend voneinander abgeschottet. Im Grenzfall wiederholt die zweite Phase, was tatsächlich oder vermeintlich in der ersten nur unzureichend vermittelt wurde, und die dritte Phase verwirft das alles als graue Theorie, die möglichst schnell vergessen werden sollte. Wirksame und nachhaltige Kooperation setzt klare inhaltliche Zuständigkeiten, ausgewiesene spezifische Kompetenzen und verlässliche Absprachen voraus. Dazu müssen alle Beteiligten ihre Karten auf den Tisch legen, um sie dann neu und begründet zu verteilen.

Die wenigen Probleme, die hier aufgezeigt werden konnten, weisen schon darauf hin, dass es nicht ausreicht, sich bei der Gründung eines Zentrums für empirische Unterrichts- und Schulforschung allein auf die Forschungsperspektive zu konzentrieren, sondern dass es einer Vernetzung von drei Ebenen – der Forschung, der Lehre und der Struktur – bedarf. Hier setzt die Göttinger Konzeption an.

3. Das Zentrum für empirische Unterrichts- und Schulforschung – Vernetzung von Forschung, Lehre und Struktur

Die Universität Göttingen hat in den beiden letzten Jahren große Anstrengungen unternommen, um das Profil ihrer Ausbildung für das Lehramt an Gymnasien zu schärfen und die empirische Unterrichts- und Schulforschung in der Universität zu verankern. Mit der Vernetzung von Forschung, Lehre und Struktur konzentrieren sich die Initiativen der Universität dabei vor allem auf folgende Bereiche:

- Stärkung der Eigenverantwortlichkeit der Universität für die Lehrerbildung und Erhöhung des Ansehens der Lehrerbildung in der Universität,
- Aufbau klarer Verantwortungsstrukturen und Etablierung einer in der universitären Hierarchie hoch angesiedelten Institution, von der aus die Belange der Lehrerbildung vertreten werden,

- Professionalisierung und Ausweitung der empirischen Unterrichts- und Schulforschung und Förderung des wissenschaftlichen Nachwuchses in den lehrerbildungsrelevanten Grundwissenschaften und Fachdidaktiken,
- Aufbau gestufter, modularisierter Studiengänge, deren fachwissenschaftlicher Teil am Fach und deren fachdidaktischer und grundwissenschaftlicher Teil in Forschung und Lehre auf das Berufsfeld Schule ausgerichtet ist,
- Förderung eines berufsbezogenen Selbstverständnisses als Lehramtsstudierende und eines professionellen Berufsverständnisses,
- Schaffung eines institutionellen Orts, mit dem sich die Studierenden als Lehramtsstudierende identifizieren können.

Das Konzept zur inhaltlichen und organisatorischen Neustrukturierung der Lehrerbildung, in deren Mittelpunkt das Zentrum für empirische Unterrichts- und Schulforschung (ZeUS) steht, wurde mit Unterstützung auswärtiger Experten und Expertinnen[7] sowie des hiesigen Studienseminars für das Gymnasium entwickelt.

Das Konzept ist nicht als Endprodukt zu verstehen, sondern der jetzt eingeleitete Prozess der Neustrukturierung bedarf der begleitenden Evaluation, der Überprüfung der Wirksamkeit in Bezug auf die Lösung der dargelegten Probleme und der Weiterentwicklung.

Das ZeUS ist ein interdisziplinärer Zusammenschluss des Arbeitsbereichs empirische Schulforschung des Pädagogischen Seminars der Sozialwissenschaftlichen Fakultät, der Abteilung für Pädagogische Psychologie und Entwicklungspsychologie des Georg-Elias-Müller-Instituts für Psychologie der Biologischen Fakultät und den empirisch arbeitenden Fachdidaktiken verschiedener Fächer.

Lehrende der Grundwissenschaften und der Fachdidaktiken gehören, soweit sie empirisch forschen, dem ZeUS in Doppelmitgliedschaft an. Über die Mitgliedschaft entscheidet die Zentrumsversammlung. Ein Mitglied des ZeUS-Vorstandes ist stimmberechtigt beteiligt an Berufungskommissionen bei Stellen, die in der Pädagogischen Psychologie, der Schulpädagogik und den Fachdidaktiken auf Schul- und Unterrichtsforschung ausgerichtet sind. Das ZeUS wird begleitet von einem noch zu bildenden Beirat.

Die Fachdidaktiken, die in den 1990er Jahren teilweise aus den Fachwissenschaften ausgegliedert wurden, sind wieder in die Fachwissenschaften integriert und werden sukzessive, soweit dies auch durch die Anzahl der Studierenden legitimiert ist, als forschungsfähige Einheiten ausgebaut. Um die Position der Fachdidaktiken in den Fachwissenschaften zu stärken, den fächerübergreifenden

---

7   Als Berater/innen waren beteiligt: Prof. Dr. J. Baumert, Frau Dr. H. Bußmann, Prof. Dr. K. Grotemeier, Prof. Dr. H. Merkens, Prof. Dr. M. Prenzel, Frau Dr. S. Vogel.

Austausch zu verbessern und die forschungsbezogene Ausrichtung der Fachdidaktiken zu stabilisieren, bilden verwandte Fächer fachdidaktische Arbeitsgruppen (die Arbeitsgruppe Fachdidaktiken Naturwissenschaften, die Arbeitsgruppe historisch-sozialwissenschaftliche Fachdidaktiken, die Arbeitsgruppe Fachdidaktiken der Sprach- und Literaturwissenschaften). Die Leiter der Arbeitsgruppen gehören in Doppelmitgliedschaft dem ZeUS an.

3.1 Verankerung von Studium und Lehre im ZeUS

Wie bereits gesagt, ist das ZeUS kein reines Forschungszentrum. Es trägt vielmehr Verantwortung sowohl für Studium und Lehre als auch für Forschung.

Für Studium und Lehre in der Lehrerbildung sind zwei Einrichtungen im ZeUS zuständig, die *Koordinationsstelle Lehramt an Gymnasien* und die *Studienkommission Lehramt*. Die Koordinationsstelle trägt die Verantwortung für die Konzeption und Organisation der Lehrerbildung insoweit, als es sich um fächerübergreifende koordinierende Aufgaben handelt. Sie übernimmt die Organisation der Praktika, stellt die Kooperation mit den Schulen auf eine neue vertragliche Basis, begleitet die Evaluations- und Akkreditierungsverfahren von Studium und Lehre und arbeitet eng mit dem Studienseminar für die zweite Phase zusammen.

Die Koordinationsstelle ist mit zwei Stellen ausgestattet. Für die fächerübergreifende Lehrplanung, für die Abstimmung der Studien- und Prüfungsordnungen zwischen den Fach- und Grundwissenschaften sowie den Fachdidaktiken und die Weiterentwicklung der Lehrerbildung ist entsprechend NHG § 45 eine Studienkommission für das Lehramt an Gymnasien zuständig. Der/Die Vorsitzende der Studienkommission ist als *Studiendekan/in Lehrerbildung* gleichrangiges Mitglied des Studiendekane-Konzils für das Lehramt. Mit dem Studiendekane-Konzil Lehramt ist eine innerhalb der universitären Hierarchie hoch angesiedelte Institution geschaffen, von der aus die Belange der Lehrerbildung zentral und unter Beteiligung aller lehrerbildenden Fakultäten und damit auch der Fachwissenschaften vertreten und letztlich verantwortet werden.

Mit dieser strukturellen Verortung der Lehrerbildung innerhalb der universitären Hierarchie sind klare Entscheidungs- und Verantwortungsstrukturen geschaffen worden, die der aufgezeigten Verantwortungsdiffusion auf der universitären Ebene begegnen.

3.2 Koordinationsausschuss Forschung

Hinsichtlich der Forschung übernimmt das ZeUS folgende Aufgaben:

- Bündelung der vorhandenen Ressourcen der empirischen Unterrichts- und Schulforschung,
- Initiierung neuer interdisziplinärer Forschungsvorhaben zur empirischen Unterrichts- und Schulforschung,
- Fachliche und methodische Professionalisierung der empirischen Unterrichts- und Schulforschung,
- Förderung des wissenschaftlichen Nachwuchses in den lehrerbildungsrelevanten Grundwissenschaften und Fachdidaktiken,
- Aufbau internationaler Forschungskontakte im Bereich der empirischen Unterrichts- und Schulforschung.

Der *Koordinationsausschuss Forschung* berät bei der Planung von Forschungsvorhaben bzw. vermittelt eine solche Beratung, führt einschlägige themenspezifische internationale Tagungen durch und veranstaltet regelmäßig Forschungskolloquien für die Mitglieder des ZeUS bzw. für Interessierte aus Wissenschaft und Praxis und holt Gastprofessuren an das ZeUS. Zusätzlich werden in Kooperation mit den Studiengängen regelmäßige Kolloquien für empirische Unterrichts- und Schulforschung durchgeführt, bei denen laufende Forschungsarbeiten (Magister- und Promotionsarbeiten) vorgestellt und diskutiert werden. Die gegenwärtig am ZeUS durchgeführten Forschungsprojekte konzentrieren sich dabei auf folgende Bereiche:

- Verstehensprozesse in Schule und Unterricht,
- Professionalisierungsprozesse von Lehrerinnen und Lehrern,
- Schule, Schulentwicklung und Evaluation von Einzelschulen,
- Bildung für nachhaltige Entwicklung,
- Medieneinsatz und Medienkompetenz,
- Schulleistungsdiagnostik.

3.3 Neue Studiengänge

Die sukzessive Einführung gestufter Studiengänge in der Lehrerbildung[8] beginnt an der Universität Göttingen – anders als in anderen Universitäten und Modellversuchen – nicht mit der Einführung von BA-Studiengängen, sondern mit der

---

8 Vgl. dazu ausführlich Lemmermöhle/Jahreis 2003, 227ff.

Entwicklung und Erprobung von Masterstudiengängen. Im Kontext der Neuordnung der Lehrerbildung und der Gründung des ZeUS wurden zunächst zwei Studiengänge eingerichtet: der Intensivstudiengang „Schulpädagogik und Didaktik", dessen erster Durchlauf im September 2001 begann und der im Rahmen der Evaluation der niedersächsischen Intensivstudiengänge bereits positiv evaluiert wurde, sowie der Studiengang „Master of Arts in Education", der zum Wintersemester 2003/04 startete. Beide Studiengänge haben inzwischen das Akkreditierungsverfahren durchlaufen und sind akkreditiert. In beiden Studiengängen werden zentrale Elemente der Studienreform, wie sie die Bologna-Erklärung verlangt, erprobt und erste Erfahrungen mit gestuften Lehramtsstudiengängen, wie sie in Niedersachsen flächendeckend eingeführt werden sollen, gesammelt.

Der Studiengang „Master of Arts in Education" mit integriertem Kerncurriculum und modularisiertem Studienaufbau setzt einen Schwerpunkt in der Vermittlung von Theorien und Methoden der empirischen Unterrichts- und Schulforschung und ist in seiner Profilierung eng mit dem ZeUS verbunden. Kennzeichnend für diesen Studiengang sind die enge Verknüpfung von Forschung und Lehre sowie die Verbindung von Lehrerbildung und Förderung des wissenschaftlichen Nachwuchses. Die durchgängige Ausrichtung dieses Studiengangs vom ersten Semester an auf forschende, beobachtende und diagnostizierende Kompetenzen, die Betonung des Kompetenzbereichs „Schule und Unterricht empirisch erforschen" und der Abschluss mit einer viermonatigen empirischen Forschungsarbeit trägt nicht nur dem dringenden Bedarf an wissenschaftlichem Nachwuchs in den Fachdidaktiken Rechnung, sondern stärkt auch die Position der Grundwissenschaften in der Lehrerbildung.

Mit der Gründung des Zentrums für empirische Unterrichts- und Schulforschung und den beiden beschriebenen Studiengängen hat die Universität Göttingen einen entscheidenden Schritt zur Professionalisierung der Lehrerbildung und der schulpädagogischen und fachdidaktischen Forschung getan. Gleichwohl sind es nur erste Schritte, die durch eine weitergehende und die einzelnen Schritte umfassende Evaluation ihre Wirkung und ihre Nachhaltigkeit erst belegen und durch ein systematisches Qualitätsmanagement weiterentwickelt werden müssen. Für diese Evaluation und ein systematisches Qualitätsmanagement werden die Fördermittel eingesetzt, die die Universität Göttingen mit anderen Universitäten im Sommer 2004 vom Stifterverband der deutschen Wissenschaft als Auszeichnung für das hier vorgestellte Konzept erhalten hat.

Literatur

Göhmann, C./Kreitz, R./Lambrecht, M. (2000): Das Studium und die Lehre am Pädagogischen Seminar aus der Sicht der Studierenden. Göttinger Beiträge zur erziehungswissenschaftlichen Forschung. Göttingen: Universität.

Künzel, R. (2001): Bilanz: Konsekutive Lehrerbildung. In: Zentrale Evaluations- und Akkreditierungsagentur Hannover: Chancen oder Holzweg? Konsekutive Studiengänge in der Lehrerbildung. Hannover: Universität, 103-114.

Lemmermöhle, D./Jahreis, D. (2003): Reformen in der universitären Lehrerbildung – Ausbildung für Lehren und Forschen oder Qualifizierung von Quereinsteigern und wissenschaftlichem Nachwuchs. In: Die Deutsche Schule: Professionalisierung der Lehrerbildung – Perspektiven und Ansätze in internationalen Kontexten, hrsg. von D. Lemmermöhle, D. Jahreis, 7. Beiheft, 227-244.

Niedersächsisches Kultusministerium (1998): Prüfungsverordnung Lehr I vom 15.04.1998. Hannover: NKM.

Oser, F./Oelkers, J. (Hrsg.) (2001): Die Wirksamkeit der Lehrerbildungssysteme: Von der Allrounderbildung zur Ausbildung professioneller Standards. Nationales Forschungsprogramm (NFP) 33: Wirksamkeit unserer Bildungssysteme. Chur u.a: Rüegger.

Terhart, E. (Hrsg.) (2000): Perspektiven der Lehrerbildung in Deutschland. Abschlussbericht der von der Kultusministerkonferenz eingesetzten Kommission. Weinheim, Basel: Beltz.

Terhart, E. (2002): Standards für die Lehrerbildung. Eine Expertise für die Kultusministerkonferenz. Institut für Schulpädagogik und Allgemeine Didaktik. Münster: Westfälische Wilhelms-Universität.

Wissenschaftliche Kommission Niedersachsen (2002): Forschungsevaluation an niedersächsischen Hochschulen und Forschungseinrichtungen – Berufswissenschaften der Lehrerbildung, Berichte und Empfehlungen. Hannover: Wiss. Kommission.

Wissenschaftsrat (2001): Empfehlungen zur künftigen Struktur der Lehrerbildung. Köln: Wissenschaftsrat.

Zentrale Evaluations- und Akkreditierungsagentur (ZEvA) (2002): Evaluation von Lehre und Studium in den Grundwissenschaften der Lehramtsausbildung an den niedersächsischen Universitäten. Hannover: ZEvA.

Lehrerbildungszentren in Deutschland

Franziska Wilke

Die Diskussion um die Neuorganisation der Lehrerbildung fordert mehr Integration der vier Ausbildungselemente der Lehrerbildung. Fachdisziplinäre, fachdidaktische, erziehungswissenschaftliche und schulpraktische Elemente sollen weiter zusammengeführt und integriert werden. Die Hochschulrektorenkonferenz (HRK) legte bereits 1998 ein Papier mit Empfehlungen zur Umstrukturierung der Lehrerbildung vor, in dem dieser Punkt, jedoch nur andeutungsweise in Form des Aufbaus interdisziplinärer Zentren für Fachdidaktik, gefordert wird. In der Kultusministerkonferenz (KMK) bildet der Bereich Lehrerbildung einen gesonderten Arbeitsschwerpunkt. Die Kommission „Lehrerbildung" hat 1999 einen Abschlussbericht vorgelegt, in dem sie für jede der drei Phasen der Lehrerbildung dringende Änderungen fordert. Für die Phase der Ausbildung an den Universitäten schlägt die Kommission die „Einrichtung/Erprobung von Zentren für Lehrerbildung und Schulforschung an den Universitäten [vor], die quer zur herkömmlichen Fakultätsstruktur die Belange der Lehrerausbildung vertreten" (Terhart 2000, 21).

1. Bestandsaufnahme

Hilligus und Rinkens führten bereits 1998 eine Bestandsaufnahme durch; danach existierten zur Zeit der Empfehlungen der HRK und KMK nur in Brandenburg, Hessen, Niedersachsen, Nordrhein-Westfalen und Sachsen-Anhalt bereits Lehrerbildungszentren. In Abbildung 1 wird ersichtlich, dass mittlerweile in vielen Bundesländern Zentren für Lehrerbildung eingerichtet wurden. Mit der Kritik an der Lehramtsausbildung wurde ein Prozess der Entwicklung von Lehrerbildungszentren in Gang gesetzt. Dabei bestehen in einigen Bundesländern solche Zentren bereits seit einem Jahrzehnt, z. B. das Zentrum für Schulforschung und Fragen der Lehrerbildung in Halle oder das Paderborner Lehrerausbildungszentrum. Das jüngste Zentrum wurde im August 2004 an der Technischen Universität in Dresden gegründet.

Anliegen des vorliegenden Berichtes ist es, den Bestand von Lehr- und Lernzentren in Deutschland aufzuzeigen, der mittels Internetrecherchen erfasst wurde. Die im Internet auffindbaren Lehr- und Lernzentren werden z. B. auch als „Lehrerbildungszentrum", „Didaktikzentrum", „Lehr-Lern-Forschungszentrum" oder „Pädagogisches Zentrum" bezeichnet. Die Recherche erfolgte zum einen über die Stichwortsuche in Suchmaschinen und zum anderen über die aufgeführten Links der Bildungsserver der Länder.

Tabelle 1:   Lehrerbildungszentren in Deutschland

Länder	*Anzahl*
Schleswig-Holstein	1
Mecklenburg-Vorpommern	1
Berlin	1
Brandenburg	1
Sachsen	1
Sachsen-Anhalt	1
Thüringen	2
Bayern	3
Baden-Württemberg	2
Hessen	4
Rheinland-Pfalz	0
Saarland	1
Nordrhein-Westfalen	12
Niedersachsen	6
Bremen	1
Hamburg	1

Außerdem befanden sich auf den Webseiten der Zentren Informationen zu weiteren Zentren des jeweiligen Bundeslandes und von kooperierenden Zentren. 65 sind als solche Zentren grob zu identifizieren, wobei auf eine Vollständigkeit der entsprechenden Institutionen im Rahmen einer Bestandsrecherche per Internet kein Anspruch erhoben wird.

Entsprechend den Empfehlungen des Kultusministeriums, nach denen Lehr- und Lernzentren vorrangig an Universitäten Anbindung finden sollen, wurden in die weitere Betrachtung nur Zentren einbezogen, die dieser Empfehlung entsprachen. Das trifft auf 38 der 65 Institutionen zu, die sich ihrer Struktur nach als wissenschaftliche Einrichtung der Universitäten sehen, direkt dem Rektorat oder den erziehungswissenschaftlichen Fachbereichen unterstehen bzw. als zentrale Einrichtungen auf den Webseiten der Universitäten aufgeführt sind. Daneben existieren Lehrerbildungszentren von privaten Anbietern und solche, die dem Kultusministerium des Landes direkt zugehören. Tabelle 1 zeigt die Verteilung der Lehrerbildungszentren in Deutschland, die an die Universitäten angebunden sind und somit in die Recherche eingingen. In Köln existieren zwei Zentren, Siegen hat ein Lehrerbildungszentrum, dem aber zwei Institutionen, das „Zentrum für Schulpraktische Studien" und das „Sekundarstufenzentrum", unterstehen. Bayern plant zusätzlich zu den bereits bestehenden drei Zentren ein weiteres in Erlangen.

Als problematisch erweist sich die Definition von Lehrerbildungszentren, wenn auf eine rein bezeichnungsorientierte Definition verzichtet werden soll. Nach Empfehlung der KMK sollen die Zentren die Belange der Lehrerausbildung vertreten und die heterogenen Elemente des Lehramtsstudiums integrieren. Die Zentren für Lehrerbildung verstehen sich in erster Linie als zentrale wissenschaftliche Einrichtungen, die das Zusammenwirken verschiedener Fächer, die an der Lehrerbildung beteiligt sind, koordinieren und gleichzeitig ein Ansprechpartner für Schulen und an Lehrerausbildung beteiligte Institutionen und Personen sind. Nach Hilliges (Paderborner Lehrerbildungszentrum) sind Zentren für Lehrerbildung „als Entwicklungsagenturen ein Element universitärer Organisationsentwicklung (OE) ..." und nehmen „... die Rolle von Katalysatoren zur Verbesserung von Problemlösungsprozessen in der Lehrerausbildung – und nicht die Funktion von Kontrolleinrichtungen" wahr (Hilliges 2002, 7).

Die Zentren zeigen eine große Pluralität dessen, was sie als wichtigste Belange der Lehrerausbildung ansehen und in der Auseinandersetzung damit als eigene Ziele und Aufgaben definieren. Eine einheitliche Programmatik bezüglich der Aufgabenschwerpunkte wird nach den Empfehlungen der KMK aber nicht für sinnvoll gehalten. Vielmehr soll eine Eigenständigkeit in der Schwerpunktsetzung den jeweils Beteiligten der Zentren überlassen werden, deren Zielsetzung den Bedürfnissen und Anforderungen des Standortes entspricht (Terhart 2000).

2.   Ziele und Aufgaben der Lehrerbildungszentren

Um herauszufinden, unter welchen Schwerpunkten sich die Zentren verorten, wurden zunächst die auf den Webseiten der Zentren selbst dargestellten Aufgaben und Ziele zusammengetragen, aus denen Schwerpunkte hervorgehen, die

Grundlage für weitere Überlegungen waren. Folgende Aufgaben lassen sich klassifizieren:

- die Koordination von an der Lehrerbildung beteiligten Fachbereichen,
- kooperatives Wirken der ersten, zweiten und dritten Phase der Lehrerbildung,
- Weiter- und Fortbildung,
- Organisation der universitären Lehre,
- Angebote zur Verbesserung der Studiensituation, z. B. bezüglich der Prüfungsangelegenheiten und Praktika,
- die Evaluation der eigenen universitären Lehre,
- der Aufbau eines Forums für Lehrende und Studierende,
- Forschungsaktivitäten und schließlich
- Entwicklung und Anwendung innovativer Lehrformen.

Die Aufgaben unterscheiden sich bezüglich der Häufigkeit, in der sie von den Institutionen angegeben sind (vgl. Abb. 1).

Das am häufigsten genannte Ziel ist die Koordination der an der Lehrerbildung beteiligten Fachbereiche, wodurch der Forderung nach mehr Integration der unterschiedlichen Disziplinen nachgekommen wird. Weiterhin überwiegen die Kooperation zwischen der ersten, zweiten und dritten Phase der Lehrerausbildung, die Organisation der Lehre und das Ziel der Verbesserung der Studiensituation, z. B. in Form der Unterstützung und Vereinfachung von Prüfungsangelegenheiten. Die Evaluation der universitären Lehre, innovative Lehre, Weiter- und Fortbildung, Forschung und die Schaffung eines Forums für Studierende und Lehrer sind dagegen keine vorrangigen Ziele der Lehr- und Lernzentren.

Die Universitäten werden diesen Aufgaben in unterschiedlicher Weise gerecht. Die Studiensituation durch Beratung und Unterstützung bei den Praktika zu verbessern, findet in der einfachsten Form, den Praktikumsbüros, statt. Diese vermitteln nicht nur Praktika und organisieren diese, sie bieten im erweiterten Fall auch Beratung und z. T. eigenständige Praktikumsseminare an, z. B. an der Universität Regensburg, der Heinrich-Heine-Universität Düsseldorf und der Otto-Friedrich-Universität Bamberg. Zentren der Lehrerbildung integrieren sich in bestehende Strukturen von Beratungseinrichtungen und bieten diesen eine Unterstützung und Vernetzung.

Die Zentren haben außerdem das Ziel, die drei Phasen der Lehrerbildung; Studium, Referendariat sowie Lehrerfort- und -weiterbildung zu koordinieren. Es bestehen bereits Einrichtungen an den Universitäten, deren Schwerpunkt sich auf den Weiterbildungsaspekt, also auf die dritte Phase bezieht, z. B. das Didaktische

Zentrum an der Johann-Wolfgang-Goethe-Universität Frankfurt/M. oder das Forum für Innovatives Lernen der Katholischen Universität Eichstätt.

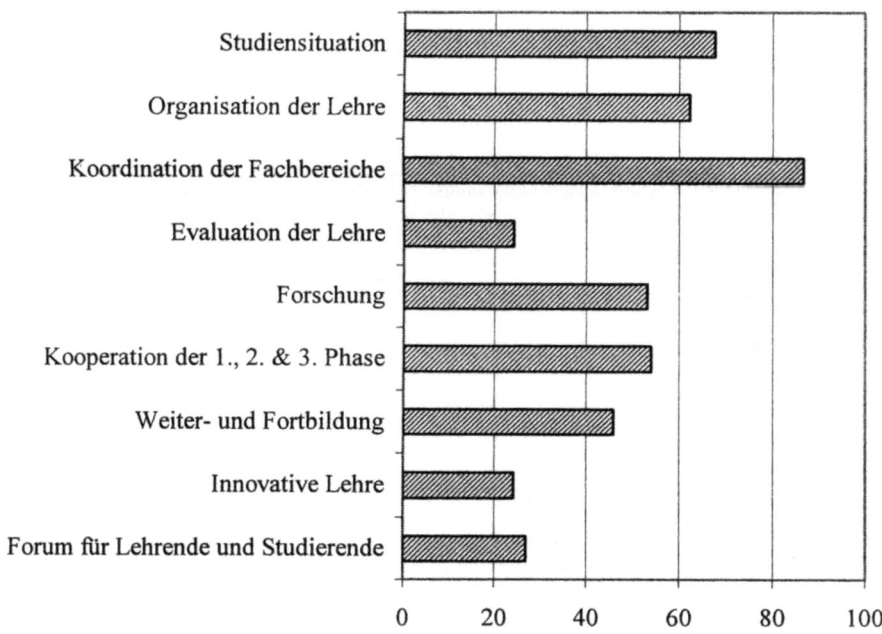

Abbildung 1: Häufigkeiten der von den Lehrerbildungszentren genannten Ziele und Aufgaben (in Prozent)

Die Zentren verstehen sich darüber hinaus als Anlaufstelle für Studierende und Lehrende; auch diesbezüglich bestehen bereits Institutionen an den Universitäten, die ein Forum und einen Austauschort für Lehrende und Studierende anbieten, wie z. B. die Didaktikwerkstatt an der Otto-von-Guericke-Universität Magdeburg, die Didaktische Werkstatt der Pädagogischen Hochschule Karlsruhe oder die Grundschulwerkstatt an der Universität Bremen. Hier finden Studierende einen Raum zur Erprobung von Lehrmethoden und Diskussionspartner sowie Ansprechpartner für Fragen der Lehrerbildung.

Eine weitere Aufgabe der Zentren ist es, die Fachbereiche, die an der Lehrerausbildung beteiligt sind und unorganisiert nebeneinander existieren, inhaltlich und organisatorisch zu koordinieren. Der Schwerpunkt liegt in der *Unterstützung*, es soll keine Schwächung oder Kontrolle der Bereiche stattfinden.

Die Planung und Organisation von Lehramtscurricula, die Koordinierung der Lehrangebote sowie die Erarbeitung von Vorschlägen zur Weiterentwicklung und Umstrukturierung des Lehramtsstudiums gehören zu den weiteren Aufgaben.

Einige Zentren für Lehrerbildung legen ihren Fokus auf Forschungsfragen in den Gebieten Schulforschung, Unterrichtsforschung sowie Lehr- und Lernforschung. Das Interdisziplinäre Zentrum für Lehr-Lern-Forschung an der Freien Universität Berlin und das Zentrum für Schulforschung und Fragen der Lehrerbildung an der Martin-Luther-Universität Halle-Wittenberg arbeiten rein forschungsorientiert. Sie verstehen sich als interdisziplinäre Einrichtungen, die es sich zur Aufgabe gemacht haben, Forschung und Lehrerbildung zu verknüpfen. Andere Zentren legen mehr Wert auf die Förderung von Forschungsprojekten in den genannten Gebieten und koordinieren Projekte quer zu den Fachbereichen. Dadurch soll es ermöglicht werden, aktuelle Forschungsergebnisse direkt in die Lehre einfließen zu lassen. Bezüglich der Lehre sowie der Strukturen der Lehrerausbildung haben die Zentren außerdem die Aufgabe, Evaluationen zu planen, zu organisieren und diese durchzuführen. Das gilt sowohl für die lehramtsbezogene Lehre der Universitäten als auch für die interne Evaluation der Zentren selbst. So heißt es auf der Webseite des Passauer Zentrums für Lehrerbildung und Fachdidaktik unter dem Stichwort Aufgaben: „Aufbau und Durchführung einer ausbildungs- und schulbezogenen empirischen Forschung, interne Evaluation von Studium und Lehre im Rahmen der Lehrerbildung und Schulentwicklung, Förderung des wissenschaftlichen Nachwuchses, Entwicklung und Einsatz neuer hochschuldidaktischer Theorien und Modelle" (Passauer Zentrum für Lehrerbildung und Fachdidaktik 2004).

Die Mehrzahl der recherchierten Zentren verknüpft mehrere Aufgaben miteinander. Das Lehrerbildungszentrum der RWTH Aachen gestaltet die Praxisstudien inhaltlich und organisatorisch, bietet Lehre zur Vor- und Nachbereitung von Schulpraktika sowie entsprechende Beratungsmöglichkeiten an, was der Verbesserung der Studiensituation dient. Das Zentrum ist daran interessiert, alle lehramtsbezogenen Fachbereiche zu koordinieren und mit externen Institutionen wie z. B. Schulen oder Studienseminaren zu kooperieren und damit wesentlich zur Kooperation der ersten und zweiten Phase der Lehrerbildung beizutragen. Ein weiterer Schwerpunkt ist die Planung und Durchführung von Evaluationen in den verschiedenen Fachdisziplinen.

An der Universität Augsburg besteht das Zentralinstitut für didaktische Forschung. Auch dieses Zentrum versucht das Zusammenwirken der Fachbereiche zu koordinieren. Die Organisation und Durchführung schulpraktischer Studien unterstützen den Übergang von der ersten zur zweiten Phase der Lehramtsausbildung. Ziel ist es weiterhin, die Weiterbildung universitär zu implementieren. Aktive Forschung findet sich in den Gebieten der Lehr- und Lernforschung, Didaktikforschung und Weiterbildungsforschung, deren Ergebnisse sich in der Erprobung und Erforschung innovativer Didaktiken wieder finden.

Nach Auffassung der Kommission für Lehrerbildung soll es Aufgabe der Zentren sein, verschiedene Tätigkeiten miteinander zu verknüpfen und zu koordinieren (z. B. Beratungs-, Forschungs- und Lehrtätigkeit). Die Kommission lehnt dagegen Zentren ab, die sich auf eine Aufgabe fokussiert haben. Das trifft auf Zentren zu, die ein reiner Zusammenschluss von verschiedenen an der Lehrerbildung beteiligten Mitgliedern sind, die dann in fakultätsähnlicher Struktur die Universität aus ihrer Verantwortung entlassen. Auch gegen ein rein forschungsorientiertes Zentrum spricht sich die Kommission aus: „... da dieses zu sehr einer Forschungslogik verpflichtet und insofern z. B. an der Akquirierung von Drittmitteln orientiert wäre" (Terhart 2000, 109). Des Weiteren soll die Verwaltung bereits bestehender Serviceeinrichtungen nicht ausschließliche Aufgabe der Zentren sein.

Mittels Korrelationen wurde überprüft, inwieweit die Nennung bestimmter Aufgaben miteinander einhergeht. Deutlich wurde, dass Forschungsaktivitäten der Zentren negativ mit Aufgaben korrelieren, die zur Verbesserung der Studiensituation und zur Organisation der Lehre beitragen. Zusammenhänge zeigen sich hingegen zwischen den letztgenannten und zwischen der Schaffung eines Forums für Studierende und der Evaluation.

Statistisch signifikante ($p \leq .05$) *positive* Zusammenhänge bestehen zwischen:

- Verbesserung der Studiensituation und Organisation der Lehre,
- Forum für Lehrende und Studierende und Evaluation der Lehre.

Statistisch signifikante ($p \leq .05$) *negative* Zusammenhänge bestehen zwischen:

- Forschung und Organisation der Lehre,
- Forschung und Verbesserung der Studiensituation.

Die Zentren lassen sich grob in zwei Typen unterscheiden: a) in Zentren mit hoher Forschungsaktivität und b) in Zentren, die eher an der Koordination und Organisation des Studiums interessiert sind. Die Zentren mit hoher Forschungsaktivität in der Unterrichtsforschung, Lehr-Lern-Forschung und Schulforschung sind daran interessiert, Forschungsprojekte fächerübergreifend zu koordinieren und entsprechende selbst zu initiieren. Es wird Wert darauf gelegt, den wissenschaftlichen Nachwuchs zu fördern und Forschungsarbeiten in den genannten

Gebieten zu unterstützen. In Abbildung 2 sind die Häufigkeiten der genannten Forschungsgebiete der Zentren, die Forschung betreiben, aufgezeigt.

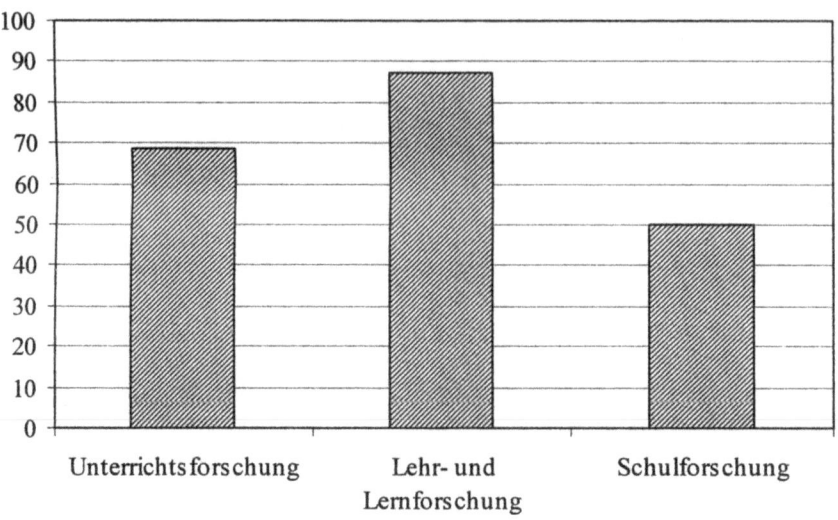

Abbildung 2: Forschungsgebiete der Projekte, die an Zentren für Lehrerbildung durchgeführt werden (in Prozent)

Zum anderen lassen sich Zentren identifizieren, deren Hauptanliegen es ist, zwischen den an der Lehrerbildung beteiligten Fachbereichen koordinierend zu wirken, Lehre zu organisieren und die Studiensituation der Lehramtstudierenden an der Hochschule zu verbessern. Die Zentren sind oft ein Zusammenschluss von Verantwortlichen aus mehreren Fachbereichen. Sie wirken aktiv an Lehrerausbildungsreformen mit und unterstützen die Studierenden z. B. in Form von Beratungen oder Praktikumsvermittlung. Sie vermitteln zwischen Hochschule und Studierenden, deren Ausbildung fachbereichsübergreifend stattfindet. Den Studierenden wird eine zentrale Anlaufstelle für Fragen und Themen bezüglich ihres Studiums geboten. Institutionen die so charakterisiert sind, kooperieren häufig mit externen Organisationen, die an der Lehrerausbildung beteiligt sind, sie sind Bindeglied zwischen Ausbildung und Praxis.

Die Bestandsaufnahme zeigt, dass in vielen Bundesländern mindestens ein Zentrum für Lehrerbildung eingerichtet wurde. Die Einrichtungen sind an den Universitäten angebunden und sollen hauptsächlich fachbereichsübergreifend tätig sein. Die Ziele und Aufgaben, welche die Einrichtungen verfolgen, sind jedoch heterogen, lassen sich aber dennoch in Kategorien fassen, so dass zwei Typen von Lehr- und Lernzentren zu unterscheiden waren.

Literatur

Hilligus, A.H. (2002): Profilierung der Lehrerausbildung. PLAZ-Selbstreport im Rahmen der Lehramtsevaluation an der Universität Paderborn im Jahr 2001. Paderborn: PLAZ.

Hilligus, A.H./Rinkens, H.-D. (1998): Reform der Lehrerbildung durch Zentren für Lehrerbildung? In: S. Blömeke (Hrsg.): Reform der Lehrerbildung? Zentren für Lehrerbildung: Bestandsaufnahme, Konzepte, Beispiele. Bad Heilbrunn: Klinkhardt, 85-106.

Hochschul-Rektoren-Konferenz (1998): Empfehlungen zur Lehrerbildung (Entschließung des 186. Plenums vom 2. November 1998).

Lehrerbildungzentrum der RWTH Aachen (2004): http://www.lbz.rwth-aachen.de/. 02.10.04.

Terhart, E. (2000): Perspektiven der Lehrerbildung in Deutschland. Abschlussbericht der von der Kultusministerkonferenz eingesetzten Kommission. Weinheim: Beltz.

Zentralinstitut für didaktische Forschung und Lehre der Universität Augsburg (2004): http://www.uni-augsburg.de/institute/didaktikinstitut/. 02.10.04.

Zentrum für Lehrerbildung und Fachdidaktik der Universität Passau (2004): http://www.uni-passau.de/zlf/. 02.10.04.

Konzeptionelle Überlegungen für die Zukunft

Hans Merkens

Die Beiträge des Bandes belegen, dass die gegenwärtige Praxis der Zentren – wenn man es positiv schildern will – vielfältig ist. Die Empirie, von der nur ein sehr kleiner Teilausschnitt dargestellt worden ist, bleibt diffus. Das hängt damit zusammen, dass in den verschiedenen Hochschulen Zentren jeweils nach der Bedarfslage sowie nach Zielvorstellungen der Beteiligten gegründet worden sind und dann ihre Arbeit aufgenommen haben. Die Vielfalt der Praxis zeigt positiv, dass sich sehr unterschiedliche Bedarfe identifizieren lassen, denen dann jeweils Genüge zu tun versucht worden ist. So ist nicht zu erwarten, dass auf der Basis der Empirie ein allgemeines Konzept entwickelt werden kann. Ein solches Konzept kann vielmehr nur aus Anforderungen bestimmt werden, die an Lehrerbildung gestellt werden. Ergänzt werden können diese Anforderungen durch Erfahrungen bisheriger Praxis.

Lehrerbildung findet in Deutschland bisher nicht in einer in sich geschlossenen Form statt, sondern vollzieht sich in drei Phasen, von denen die erste traditionell in der Verantwortung der Hochschulen liegt, die zweite traditionell von Studienseminaren wahrgenommen wird und die dritte durch Angebote von Landesinstituten oder den Schulministerien nachgeordneten Behörden ausgefüllt worden ist.

Für die erste Phase ist wiederum kennzeichnend, dass traditionell in der Regel einem 3-Säulen-Modell gefolgt wird, das sich aus dem Studium 1) zweier Fachwissenschaften, 2) zweier diesen korrespondierenden Fachdidaktiken und 3) einem erziehungswissenschaftlichen Begleitstudium zusammensetzt. Die zweite Phase wird traditionell als Kombination mit theoretischer, didaktisch-methodischer Anleitung und Unterrichtspraxis gestaltet, während in der dritten Phase eher nach dem Modell von Angebot und Nachfrage operiert wird. Die beiden ersten Phasen sind verpflichtend, für die dritte Phase herrscht Wahlfreiheit, d. h. Lehrkräfte können die Teilnahme verweigern.

Dieser Zustand hat sich als unbefriedigend erwiesen und es gibt eine Reihe von Reformbestrebungen, die einerseits zu einer engeren Vernetzung der drei Phasen führen sollen und andererseits vor allem die dritte Phase nunmehr auch als verpflichtend für Lehrkräfte setzen. Vor dem Hintergrund dieser neuen Reformbestrebungen werden die folgenden Überlegungen entwickelt: ein weiterer Ansatzpunkt für Reformen wird darin gesehen, dass sich das 3-Säulen-Modell der Erstausbildung nicht bewährt hat. Die Unverbundenheit der Studiensegmente sollte im Prinzip überwunden werden. Mit der Neuordnung der Lehrerbildung, die sich in vielen Bundesländern nunmehr vollzieht, wenn an die Stelle der bisherigen bis zum ersten Staatsexamen führenden Studiengänge BA- und MA-Studiengänge treten, wird der Wandel sichtbar. Jedoch zeichnet sich auch hier ab, dass die bisherigen Reformbemühungen sich an vielen Standorten in der Transformation der bisherigen Praxis in die neuen Studiengänge zu erschöpfen drohen. Deshalb wird an dieser Stelle ein weiteres Kriterium eingeführt, das als leitend für die erste Phase der Lehrerbildung angesehen wird. Die erste Phase sollte zum Ziel haben, die wissenschaftlichen Grundlagen dafür zu bieten, dass die zukünftigen Lehrkräfte in den unterschiedlichen Schulformen, für die sie ausgebildet werden, Unterricht erteilen können. Das setzt neben den erforderlichen Kenntnissen in der Fachwissenschaft und Fachdidaktik Kenntnisse in pädagogischer Diagnostik, Unterrichtsmanagement sowie Erziehung und Sozialisation voraus. In der zweiten Phase müssten darauf aufbauend unterrichtspraktische Erfahrungen gesammelt werden und in der dritten Phase sollte Lehrkräften in der Praxis die Möglichkeit geboten werden, neue wissenschaftliche Erkenntnisse in der Fachwissenschaft, in der Fachdidaktik sowie den Erziehungs- und Sozialwissenschaften mit einem Bezug zu Unterricht und Schule zu erwerben. Außerdem müsste hier eine Weiterbildung mit dem Ziel für Schulmanagement und Schulentwicklung etabliert werden. Man kann sich sicherlich über diese Aufgabenzuweisung dahingehend streiten, ob sie hinreichend ist. Sie ist sicherlich ergänzungsbedürftig, wird aber bei den folgenden Überlegungen ebenfalls leitend sein.

In der Konzeption der BA- und MA-Studiengänge konkurrieren gegenwärtig zwei Ansätze: ein konsekutiver und ein integrierter. Hier wird im Weiteren, um die Komplexität nicht noch zu erhöhen, der integrierte Ansatz favorisiert. Wenn man Untersuchungen wie IGLU, PISA I und PISA II sowie davor auch TIMMS zugrunde legt, dann zeigt sich, dass in Deutschland ein stärkerer Zusammenhang des Schulerfolgs der Kinder mit dem Sozialstatus der Eltern zu verzeichnen ist als in anderen Ländern. Außerdem erweist sich, dass die Benachteiligung von Kindern mit Migrationshintergrund innerhalb des deutschen Schulsystems größer ist als in anderen OECD-Staaten. Beide Ergebnisse zusammengenommen lassen vor allem vermuten, dass bei vielen Lehrkräften das erforderliche „Berufswissenschaftliche Wissen", wie es heute bezeichnet wird, nicht hinreichend ausgeprägt ist, d. h. es mangelt in der Praxis offensichtlich daran, die Kinder in der Entwicklung ihrer Lesekompetenz so zu unterstützen, wie das in anderen OECD-Staaten der Fall ist (es hat sich gezeigt, dass der Lesekompetenz eine Schlüsselfunktion im Bildungsprozess der Kinder zukommt). Im Ergebnis folgt daraus, dass es in der Lehrerbildung der ersten Phase vor allem daran mangelt, den Anschluss der Berufswissenschaften an die Fachwissenschaften besser zu organisieren, als das in der Vergangenheit der Fall gewesen ist. In der Erfüllung dieser Aufgaben muss eine der zentralen Herausforderungen für Zentren für Lehrerbildung liegen, die damit in der ersten Phase die Aufgabe lösen müssen, das Studium in den Fachwissenschaften und den Berufswissenschaften anders als bisher zu vernetzen. Das gilt sowohl für den BA als auch für den MA, wenn man zu einer wirksamen Reform der Lehrerbildung gelangen will. Am einfachsten würde sich diese Aufgabe durch eine „School of Education" lösen lassen, die aus dem Lehrangebot der jeweiligen Hochschule jeweils die Lehrveranstaltungen auswählen müsste, die unter dem Aspekt der Vernetzung aufeinander beziehbar lehren und gleichzeitig zum Erreichen der oben allgemein benannten Ziele beitragen könnten. Lehrerbildung würde auf diese Weise – während der ersten Phase – auch wenn sie auf BA und MA aufgeteilt wäre, dennoch zu einem Studiengang zusammengeführt werden können, der die notwendige Berufsqualifizierung (BA) mit der erforderlichen wissenschaftlichen Qualifikation (MA) für die anspruchsvolle Tätigkeit der Lehrkräfte verknüpft.

Die erforderliche wissenschaftliche Qualifikation resultiert vor allem daraus, dass es sich bei der Tätigkeit der Lehrkräfte nicht nur um eine professionell methodische Tätigkeit handelt, dies ist sicherlich eine wesentliche Komponente, sondern zugleich auch hohe pädagogisch-diagnostische Anforderungen gestellt werden, die ein reflexives Potenzial voraussetzen, weil nur auf diese Weise der ökonomische Umgang (das ist Unterricht) mit der Vielfalt der unterschiedlichen Schülerinnen und Schüler gewährleistet werden kann. In diesem Bereich resultiert außerdem ein hoher Forschungsbedarf, der am besten in Kooperation der Berufswissenschaften mit einzelnen Fachwissenschaften abgedeckt werden kann. Das setzt wiederum entsprechende Mitgliedschaften in den jeweiligen Zentren für Lehrerbildung voraus. Der Masterstudiengang kann die oben geschilderten Erwartungen in Richtung unterrichtswissenschaftlicher Qualifikation nur dann erfüllen, wenn er forschungsbasiert durchgeführt werden kann. Dabei zeichnen sich gegenwärtig besondere Herausforderungen in drei Bereichen ab, wenn man die PISA-Ergebnisse ernst nimmt:

1. Die Sprachförderung der Kinder mit Migrationshintergrund wird nur dann gelingen können, wenn im vorschulischen Bereich entsprechend qualifizierte Erzieherinnen zur Verfügung stehen. Das heißt, bei der Ausbildung der Erzieherinnen bedarf es zukünftig der intensiven Kooperation von Sprachwissenschaftlern mit dem übrigen hier beteiligten Personal.

2. In der Primarstufe werden mit der Flexibilisierung der Eingangsphase und der wiederum erforderlichen Förderung der Kinder mit Migrationshintergrund neue Formen des Unterrichts entwickelt werden müssen, um international wettbewerbsfähig zu bleiben.

3. Die etwas problematische Verknüpfung der Ergebnisse von IGLU (klassenbasierte Erhebung) und PISA (altersbasierte Erhebung) lässt vermuten, dass auf der Sekundarstufe I die Qualifikation der Lehrkräfte im berufswissenschaftlichen Teil erheblich verbessert werden muss. Auch hier entsteht Forschungsbedarf, der insbesondere in der Kooperation von Fachdidaktikern mit Erziehungswissenschaftlern und Schulpädagogen gedeckt werden müsste.

Die demographische Entwicklung in Deutschland lässt erwarten, dass die drei hier genannten Schwerpunkte – insbesondere bezogen auf die Kinder mit Migrationshintergrund – auch auf Dauer fortbestehen werden. Es lassen sich ohne Schwierigkeit auch weitere Forschungsschwerpunkte in der Bildungsforschung benennen, die von Fragen der Schulentwicklung bis hin zur Lehrerbedarfsermittlung reichen, um nur zwei weitere Beispiele zu nennen.

Während der ersten Phase bedarf es auch einer an berufspraktischen Erfahrungen orientierten Reflexion. Dazu müssen Praktika vorbereitet, durchgeführt und ausgewertet werden. Hier liegt eine Zusammenarbeit mit der bisherigen zweiten Phase der Lehrerbildung nahe. Diese Zusammenarbeit müsste von den für die Berufswissenschaften Verantwortlichen mit den für die zweite Phase Verantwortlichen gestaltet werden.

Den Zentren der Lehrerbildung kommt damit eine große Bedeutung im Rahmen der Neuordnung der ersten Phase der Lehrerbildung zu. Dieser Herausforderung kann nur genügt werden, wenn Zentren für Lehrerbildung interdisziplinär – auch unter Einbezug der Fachwissenschaften – organisiert sind und sie in der Bildungsforschung eigene Schwerpunkte entwickeln, die sich wiederum auf Dauer als tragfähig erweisen müssen. Zu erwarten ist dann, dass es sowohl in der Lehre als auch in den Fachwissenschaften zu lehramtsspezifischen Veranstaltungen kommt, die beispielsweise die unterschiedlichen Lehrbedarfe für die Grundschule, die Sekundarstufe I und die gymnasiale Oberstufe angemessen berücksichtigen, und es auch in der Forschung zu neuen unterrichtsbezogenen Erkenntnissen kommen kann. Zentren für Lehrerbildung mit diesem breiten Spektrum an Anforderungen gibt es bisher nicht.

Die zweite Phase der Lehrerbildung steht bisher in der ausschließlichen Verantwortung der jeweiligen für die Schule zuständigen Ministerien. Diese Verantwortlichkeit wird sich mit hoher Wahrscheinlichkeit nicht verändern, wenn am zweiten Staatsexamen als notwendiger Qualifikation für den Schuldienst festgehalten wird. Dennoch lassen sich im Anschluss an die erste Phase auch für die zweite Phase Aufgaben bestimmen, die Zentren für Lehrerbildung zukünftig wahrnehmen müssten. In der zweiten Phase, in der es vor allem darum geht, das in der ersten Phase erworbene theoretische Wissen im unterrichtspraktischen Handeln zu nutzen, bedarf es auch immer einer Verknüpfung zu neueren, aus der Forschung resultierenden, theoretischen Erkenntnissen. In diesem Sektor ist eine aktive Kooperation, der in den Zentren für Lehrerbildung Tätigen mit den mit Ausbildungsaufgaben Beauftragten der zweiten Phase wünschenswert. Bisher muss diese mangelnde Kooperation als eines der Defizite in der Lehrerbildung angesehen werden, weil auch die aus der zweiten Phase entstehenden Impulse für Veränderungen in der Lehre sowie die Formulierung von Forschungsphasen bisher nicht gegeben sind.

In der dritten Phase der Weiterbildung wird es insbesondere darauf ankommen, neue Forschungsergebnisse aus den Fachwissenschaften, den Berufswissenschaften und aus der Kooperation von Fach- und Berufswissenschaften an Lehrkräfte zu vermitteln. Diese Aufgabe wird bisher wenig wahrgenommen. Daneben geht es aber auch darum, in der dritten Phase Angebote zu entwickeln, die einen Schwerpunkt beim Schulmanagement und der Schulentwicklung setzen. Die neuen Herausforderungen, die sich im Anschluss an PISA I und II sowie IGLU formulieren lassen, machen einen zunehmenden Bedarf im Bereich des Schulmanagements sichtbar. Hier ist das Qualifikationsniveau in Deutschland im internationalen Bereich (z. B. im Vergleich zu den Niederlanden) zu niedrig.

Während in anderen Ländern professionelle Schulmanager eingesetzt werden bzw. Personal tätig ist, das ausschließlich in diesem Bereich arbeitet, geht die deutsche Praxis in eine andere Richtung. Es wird noch immer davon ausgegangen, dass die Schulleitung von Lehrkräften wahrgenommen wird, die für diese Tätigkeit von ihrer Unterrichtsverpflichtung teilweise entlastet werden. Diese Praxis reicht zunehmend nicht mehr hin, wenn es u.a. zur Aufgabe von Schulen gehört, Programme und Profile zu entwickeln, diese intern umzusetzen und sich in Konkurrenz zu anderen Schulen zu verhalten. Außerdem wird von Schulen zunehmend erwartet, dass sie mit Eltern zusammenarbeiten, Kontakte zu ihrem Umfeld pflegen und für ihre Schülerschaft Angebote entwickeln, die geeignet sind, diese in ihrem Lern-, Entwicklungs- und Sozialisationsprozess zu unterstützen. Innerhalb der Schulen wird es auch zunehmend erforderlich, professionelles Personal in die Arbeit zu integrieren, das Schüler und Lehrerschaft bei ihrer Arbeit unterstützt. In diesem Segment ist es die Aufgabe von Zentren für Lehrerbildung, die internationale Anschlussfähigkeit herzustellen und gleichzeitig entsprechende Forschungen zu implementieren.

In die Arbeit mit Schülerinnen und Schülern sind zunehmend auch weitere pädagogische Institutionen involviert. Die Kooperation zwischen diesen verschiedenen Partnern, die von Beratungsinstitutionen über spezielle Hilfsangebote (Hausaufgabenhilfen und Freizeiteinrichtungen) reicht, ist in der bisherigen Praxis nicht optimal, weil die jeweiligen Anbieter eher ihrer jeweiligen institutionellen Rationalität folgen in Bezug auf das, was sie für erforderlich halten, als dass sie den einzelnen Jugendlichen als gemeinsamen Adressaten ihrer Bemühungen identifizieren und versuchen, ihr jeweiliges Handeln abgestimmt auf diesen zu fokussieren. Dieses Feld ist bisher weitgehend unbeachtet und könnte von den neuen Zentren für Lehrerbildung bearbeitet werden, wenn – wie das auch für andere Aufgabenstellungen erforderlich ist – Sozial- und Sonderpädagogen sowie Psychologen in die Arbeit integriert wären. Mit diesem Hinweis wird nicht eine vollständige Pädagogisierung aller sozialen Beziehungen Jugendlicher angestrebt, es geht vielmehr darum, Kinder und Jugendliche in ihren Lern- und Sozialisationsprozessen so zu unterstützen, dass sie die ihnen möglichen Ziele erreichen können.

Die bisherigen Erläuterungen zur Aufgabenbeschreibung könnten in weiten Teilen als zu unterrichts- und schullastig empfunden werden. Im Unterschied zu einer solchen vereinfachenden Sichtweise ist es aber erforderlich, dass auch die Aufgaben, die im weitesten Sinne mit Erziehung und Sozialisation beschrieben werden, in Relation zur Unterrichtstätigkeit mit bearbeitet werden. So wie einerseits Erziehungs- und Sozialisationsprozesse immer auch eines Inhaltes bedürfen, so muss gesehen werden, dass andererseits über Inhalte auch erzogen und sozialisiert wird. Hier ergibt sich ein hoher Forschungsbedarf, weil gegenwärtig zwar die Lehr-Lern-Forschung in enger Kombination von Fachdidaktik und pädagogischer Psychologie im Sinne einer Unterrichtsforschung erste Ergebnisse fördert, dabei aber der zweite hier genannte Aspekt etwas in Rückstand gerät.

Ein weiterer Arbeitsschwerpunkt, der bisher vor allem von dem Lehrerbildungszentrum an der Universität Kassel wahrgenommen wird, lässt sich dahin gehend bestimmen, dass es zunehmend gelingen muss, die Praxis in ihrer Vielfältigkeit und in ihren vielfältigen Problemlagen als Anregung für Forschung und Weiterentwicklung erziehungswissenschaftlicher Theorien über Schule und Unterricht zu nutzen. Hier ergibt sich ein Arbeitsfeld, dessen Bedeutung nicht unterschätzt werden kann. Der eingleisige Weg von der Wissenschaft zur Praxis wird auf diese Weise auch in umgekehrter Richtung genutzt und es ist zu erwarten, dass die neuen Zentren für Lehrerbildung auf diese Weise für die jeweilige Region noch an Bedeutung gewinnen.

Die vorangehend genannten Aufgaben lassen sich unter den drei Aspekten: Lehre, Forschung und Dienstleistung zusammenfassen. Die *Lehraufgaben* sind weitgehend geschildert und müssen nicht nochmals erläutert werden.
Die *Forschungsaufgaben* lassen sich in vier verschiedenen Strängen zusammenfassen:

1. wird in vielen Fällen *Grundlagenforschung* betrieben werden müssen. Allzu lange sind einige der Aufgaben, die oben geschildert worden sind, in der erziehungswissenschaftlichen Forschung nicht mit hinreichender Intensität bearbeitet worden;

2. bedarf es des Ausbaus der *angewandten* Forschung. Es gibt viele Erkenntnisse der Grundlagenforschung, die auf ihre Anwendbarkeit in Schule und Unterricht geprüft werden müssen;

3. muss ein Forschungstyp entwickelt werden, den man zutreffend als *Entwicklungsforschung* kennzeichnen kann. In den Feldern Unterrichts- und Schulentwicklung besteht ein hoher Bedarf. Vor allem gibt es bisher zu wenige Untersuchungen dazu, wie Schul- und Unterrichtsentwicklung zusammengeführt werden können. So haben wir kaum Untersuchungen, in denen diese Fragen für Ganztagsschulen erforscht werden;

4. bedarf es eines Neuansatzes bei der *Handlungsforschung*. Wenn Wissen aus der Praxis in die Forschung einfließen soll, kehrt sich das Verhältnis von Praktikern und Forschern zumindest teilweise um, weil nunmehr die Praktiker die Wissensträger und die Forscher – zumindest in der ersten Phase – die Lernenden sind, die aber anschließend ihr gewonnenes Wissen in der Praxis mit einer teilweisen Umkehrung des Außenverhältnisses erproben müssen.

Ein neuer Bedarf entsteht im *Dienstleistungsbereich*. Zentren für Lehrerbildung müssen so organisiert sein, dass sie für die Praxis bestimmte Dienstleistungen in der Form von Beratungen bei internen Evaluationen, Schulentwicklungen, Schulprogrammentwicklungen, Bestimmung von Schulprofilen etc. vorhalten. Diese neue Aufgabenstellung stellt eine erhebliche Herausforderung an Ressourcen in den Zentren für Lehrerbildung dar.

Zusammenfassend lässt sich feststellen, dass einzelne Zentren für Lehrerbildung wahrscheinlich das gesamte Aufgabenspektrum, welches hier benannt worden ist, nicht abdecken können. Es zeigt sich aber auch, dass die Aufgabenstellung für Zentren für Lehrerbildung sehr viel komplexer ist, als sie bisher in den existierenden Zentren wahrgenommen wird. Auf Dauer wird eine vernünftige Balance zwischen gesehenen Aufgaben und Möglichkeiten des einzelnen Zentrums gesucht werden müssen.

Verzeichnis der Autoren

(in der Reihenfolge der Beiträge)

Prof. Dr. Hans Merkens
Vorsitzender der DGfE
Freie Universität Berlin
Fachbereich Erziehungswissenschaft und Psychologie
Arbeitsbereich Empirische Erziehungswissenschaft
Fabeckstraße 13
D-14195 Berlin

Prof. Dr. Ewald Terhart
Westfälische Wilhelms-Universität Münster
Institut für Schulpädagogik und Allgemeine Didaktik
Bispinghof 5-6
D-48143 Münster

Prof. Dr. Bernd Wollring, Dipl.-Päd. Wolfgang Gabler
Universität Kassel
Zentrum für Lehrerbildung (ZLB)
Möncheberngstraße 19
D-34109 Kassel

Prof. Dr. Gerhard Tulodziecki
Universität Paderborn
Paderborner Lehrerausbildungszentrum (PLAZ)
Peter-Hille-Weg 42
D-33098 Paderborn

Prof. Dr. Sibylle Reinhardt
Martin-Luther-Universität Halle-Wittenberg
Zentrum für Schulforschung und Fragen der Lehrerbildung (ZSL)
Franckeplatz 1, Haus 31
D-06099 Halle/Saale

Dipl.-pol. Volker Möhle
Universität Bielefeld
Zentrum für Lehrerbildung
Postfach 100131
D-33501 Bielefeld

Prof. Dr. Doris Lemmermöhle, Prof. Dr. Roland Brünken
Georg-August-Universität Göttingen
Zentrum für empirische Unterrichts- und Schulforschung (ZeUS)
Waldweg 26
D-37073 Göttingen

Franziska Wilke
Freie Universität Berlin
Fachbereich Erziehungswissenschaft und Psychologie
Arbeitsbereich Empirische Erziehungswissenschaft
Fabeckstraße 13
D-14195 Berlin